Nouvelles

D1284205

Un troussage de domestique

Christine Delphy (coord.)

**Clémentine Autain, Jenny Brown, Mona Chollet,
Sophie Courval, Christine Delphy, Rokhaya Diallo,
Béatrice Gamba, Michelle Guerci, Gisèle Halimi,
Christelle Hamel, Natacha Henry, Sabine Lambert,
Titiou Lecoq, Claire Levenson, Mademoiselle, Marie Papin,
Emmanuelle Piet, Audrey Pulvar, Joan W. Scott,
Sylvie Tissot, les TumulTueuses, Najate Zouggari**

Nouvelles questions féministes
Une collection animée par Christine Delphy

Une collection qui a pour objectif de développer et diffuser les réflexions théoriques et politiques issues des mouvements et des actions féministes. Elle s'inscrit dans une perspective féministe anti-essentialiste, matérialiste et radicale, élaborée dans les mouvements de libération des femmes des années 1970.

http://delphysyllepse.wordpress.com/

Déjà parus

Christine Delphy, **Un universalisme si particulier**

Christine Delphy, **L'ennemi principal**

    tome 1. Économie politique du patriarcat

    tome 2. Penser le genre

Catherine Deudon, **Un mouvement à soi**

Efi Avdela, **Le genre entre classe et nation**

Patrizia Romito, **Un silence de mortes**

Christine Delphy & Sylvie Chaperon, **Le cinquantenaire du Deuxième sexe**

© Éditions Syllepse, 2011
69 rue des Rigoles, 75020 Paris
edition@syllepse.net
www.syllepse.net
ISBN : 978-2-84950-328-7
Illustration de couverture : DR
Conception de la couverture : Claudine Silberstein

Table des matières

Avant-propos

Ce qu'il est convenu d'appeler l'« affaire DSK » a commencé le 14 mai 2011. Depuis, jusqu'à aujourd'hui, les révélations les plus contradictoires, les retournements de situation les plus improbables n'ont cessé de se succéder. Les politiques et les journalistes interprètent, supputent, prédisent, et souvent prennent leurs désirs pour des réalités. Interprétations, supputations, prédictions ne sont pas notre affaire, et ne sont pas le sujet de ce livre. Cette présentation est écrite le 7 juillet, c'est-à-dire sans attendre ni de nouvelles informations, ni les imminentes proclamations d'un procureur, car ni la mosaïque des faits ni le tranchant des décisions de justice ne sont notre souci. Pas davantage, ni la personnalité de Dominique Strauss-Kahn ni celle de Nafissatou Diallo, ni même l'« affaire », mais bien ce qui en a été dit. *Il ne s'agit pas de mieux révéler l'affaire, mais d'envisager l'affaire comme un révélateur*. Mieux encore : elle n'a pas besoin d'être « vraie ». On pourrait presque la considérer comme une *fiction déclenchante*, une sorte de leurre qui aurait bien fonctionné (parfois une simple rumeur a de semblables effets).

Le souci des auteures des textes ici rassemblés, écrits pendant les premières semaines qui suivent le 14 mai, a été d'analyser comment ce qui est « donné » à percevoir se trouve effectivement perçu, nommé, identifié, jugé, commenté, infléchi et interprété, exhibé ou dissimulé. Et surtout comment ce fut l'occasion pour beaucoup de dire tout haut ce qu'on ne croyait même pas qu'ils pensaient encore tout bas. Le sujet de ce livre, c'est ce que l'immense majorité des réactions de nos « élites » disent de la société française, aujourd'hui en 2011.

S'il y a ici des choses qui ne sont pas « présumées » mais avérées, c'est la permanence du sexisme en France – la profonde et vivace misogynie qui nous entoure – et celle des *trois solidarités* : celle de genre, qui unit les hommes contre les femmes, celle de classe qui unit les riches contre les pauvres, et celle de race qui unit les Blancs contre les Bronzés. Quel que soit l'« événement », et quelles que soient les tournures dont l'avenir le revêtira, c'est sa réception immédiate qui en aura dit long sur l'état de notre société.

« C'est le plus grand des voleurs, oui mais c'est un Gentleman »[1]

Christine Delphy[2]

Depuis la destruction des tours jumelles du World Trade Center de New York, l'« affaire DSK » est l'événement qui a reçu la plus large couverture médiatique en France.

La nouvelle de l'interpellation de Dominique Strauss-Kahn et de sa garde à vue à la Special Victims Unit de Harlem le 14 mai, suivie de son inculpation le 15 mai, est un « coup de tonnerre » pour les chefs de file et les dignitaires du Parti socialiste. Ils ne peuvent pas croire, ne veulent pas croire qu'en quelques heures le Parti socialiste a perdu son « candidat en or ». Puis c'est au tour des amis, qui dénoncent une « *erreur tragique sur la personne* ». Le Strauss-Kahn présenté par la police « *n'est pas l'homme qu'ils connaissent* ». Ils savent exactement ce dont il est capable. Et ce dont il est accusé, il en est incapable. La victime présumée l'a reconnu, mais eux secouent la tête : ils sont formels, « *ça ne lui ressemble pas* ».

Deux jours s'écoulent pendant lesquels s'étalent dans les médias l'étonnement, l'incrédulité, la sympathie, le chagrin pour « DSK », pour sa famille politique, pour sa famille tout court. Pas un mot pour la femme de chambre dont le témoignage a déclenché l'action de la police, qui a mis en branle la justice. Leur ami est victime d'une erreur judiciaire, ou d'une machination. « *On* » verse sur Dominique Strauss-Kahn, selon son homme lige (Jean-Christophe Cambadélis),

---

1. Générique du film *Arsène Lupin*, chanté par Jacques Dutronc.
2. Texte écrit le 27 juin 2011.

le « *feu nucléaire* » dont « *on* » l'avait menacé. La Russie est peut-être dans le coup. Ou Sarkozy. Toutes les hypothèses sont envisagées ; sauf une, celle que le procureur de Manhattan – un incapable, un puritain, un Américain pour tout dire – a retenue : que Dominique Strauss-Kahn aurait pu violer une femme de chambre, Nafissatou Diallo.

Toutes ces hypothèses françaises supposent que les faits reprochés au directeur du FMI sont faux. La femme de chambre, manipulée par une puissance étrangère ou par le gouvernement français, ou par son propre appât du gain, n'a pu que tendre un piège à un homme « *vigoureux*[3] » (compliment de tonalité rurale, d'ordinaire réservé à un cheval). Elle n'est d'ailleurs mentionnée que dans le rôle du grain de sable qui cause la chute d'un homme immense, en l'occurrence le futur sauveur de la France[4].

Devant l'indifférence massive à cette femme dont on ne sait encore rien, les féministes, d'abord éberluées par le déferlement d'une solidarité à la fois masculine et de classe – car elle émane souvent, trop souvent, de femmes –, commencent, dès le troisième jour (le 16 mai) à se frotter les yeux et à saisir leur ordinateur.

De leur côté, les amis de DSK – comme la théorie du complot est apparue à tout le monde très fumeuse – se raccrochent à une autre bouée : la « présomption d'innocence », par laquelle ils comprennent que même suspect, même inculpé, il doit avant tout être considéré comme *totalement* innocent.

Dès lors, tous les politiques et les journalistes en ont plein la bouche ; ils érigent la « présomption d'innocence » au rang de marqueur identitaire français : les autres pays ont-ils cette chose merveilleuse qui nous distingue ? Personne ne semble savoir que de nombreux pays, dont les États-Unis, possèdent ce trésor depuis des décennies. On ne parlait pourtant jusqu'ici assez peu de cette garantie judiciaire en France et pour cause : elle n'existe dans le Code pénal que depuis la

---

3. Commentaire de Christine Boutin.
4. Il a, dit-on, « *sauvé la Grèce* », un sauvetage contre lequel les Grecs – connus depuis l'Antiquité pour leur ingratitude – sont aujourd'hui dans la rue.

loi Guigou de 2000, et dans les faits, que depuis le 15 avril de cette année 2011, et la réforme de la garde à vue.

S'il faut bien sûr respecter la « présomption d'innocence » de Dominique Strauss-Kahn, ne faut-il pas aussi respecter la « *présomption de victime* » de la femme de chambre demande Clémentine Autain dès le 16 mai, suivie de beaucoup d'autres féministes. Elles ne font pas la une des journaux, mais écrivent sur leurs blogs, et en quelques jours, trois associations féministes organisent un rassemblement à Paris le 22 mai. Pour défendre cette femme, accusée à mots couverts par les politiques, et ouvertement par les blogueurs, de mensonge et de vénalité. Pour dire que le viol est un crime, pas une « affaire de vie privée. » Une agression, pas une « relation ». Que non, c'est non.

Cette réaction rapide des féministes perturbe l'entre-soi des hommes et des riches et les force à prendre en compte Nafissatou Diallo. Quoique, on s'en rend compte en écoutant les débats, après une brève mention de « la femme de ménage » – quand ce n'est pas « la gonzesse » ou « la fille » –, les conversations retournent, comme aimantées, vers le seul personnage qui intéresse les Français : Lui. Son Destin. Brisé. Sa Vie. Qui Bascule.

Et se focalisent, non pas sur le mal qu'il a (« peut-être », bien sûr) fait, mais sur le mal qu'il s'est fait à lui-même : « *Ne serait-ce point un "acte manqué" ?* [5] » Tout cela est passionnant et très utile pour évacuer le fait que dans cette histoire, il y a une autre personne. Pourquoi, tant qu'à faire un « acte manqué » – s'il ne voulait pas *vraiment,* c'est-à-dire de tout son conscient *et* son inconscient – être Président, pourquoi ne pas attraper une bactérie très agressive, ou encore se faire moine – ou bonze, ce ne sont pas les religions qui manquent ? Pourquoi aurait-il choisi l'« acte manqué » qui implique de blesser physiquement, psychiquement, et durablement, quelqu'un ? Pourquoi faut-il qu'il y ait, dans ces scénarios où l'on convoque le si complexe (et fascinant) inconscient

---

5. Serge Hefez, « Une mystérieuse auto-destruction », *Le Monde,* 18 mai 2011.

masculin, tant de femmes détruites ? Pourquoi ne peuvent-ils s'autodétruire tout seuls, en nous fichant la paix ?

Nous avons réuni ici quelques-uns des textes écrits par des féministes au cours des premières semaines. Pas sur l'affaire judiciaire elle-même. Pas sur le fait de savoir si DSK est, ou sera, déclaré coupable ou non coupable. Non : le sujet de ce livre c'est ce que ces réactions unanimes de la classe politico-médiatique disent de la société française, de ses dirigeants et de ses journalistes, aujourd'hui, en 2011. Des cœurs meurtris des amis ont surgi des cris d'une sincérité rare, qui, perçant le mur de la langue de bois, nous ont révélé la vérité de ces cœurs : ils sont remplis d'une misogynie dont la profondeur n'a d'égale que leur arrogance de classe.

Les féministes sont les dernières à croire aux déclarations des politiques sur la « centralité » de l'« égalité hommes-femmes » dans les « valeurs françaises », les premières à s'en méfier. Et pourtant, nous avons été surprises : la distance entre les versions officielles et les vrais sentiments, la facilité avec laquelle ils passent d'un discours à l'autre, selon l'opportunité ; le mépris pour les petites gens qu'ils gouvernent et manipulent sans même se cacher nous ont laissées pantoises dans un premier temps, furieuses dans un second.

Certes nous pouvions voir le *backlash*, le retour de bâton, progresser, avancer comme une vague lente mais inexorable, recouvrant et démolissant comme autant de châteaux de sable les quelques avancées du féminisme des années 1970-1980. Avec cette affaire, la vague est devenue un tsunami de propos tous plus sexistes les uns que les autres. Pas plus bêtes que d'autres, nous avons mis deux et deux ensemble. Bien sûr ! Les mots qui nous submergeaient, c'étaient les paroles de la musique qui se fait plus insistante de jour en jour et d'année en année et qui accompagne le spectacle de femmes habillées – ou plutôt déshabillées – en *bunnies* sur les plateaux de télévision, en corps sans têtes, sexes ou fesses en avant, sur les murs de nos villes. Les paroles, nous les connaissions : elles sont dans neuf blagues sur dix de la radio « Rires et chansons », elles font rire Benoît Hamon, porte-parole du Parti socialiste qui les trouve « *un peu sexis-*

tes » mais « *amusantes quand même* », elles sont dans neuf sketches sur dix des « humoristes » ; elles sont dans les chansons du rappeur Orelsan (« *je vais t'avorter à l'Opinel* ») ; elles sont dans les commentaires de nos animateurs de télévision, ceux qui font crouler de rire les audiences. Elles se résument à « du cul du cul du cul » – mais « le cul », c'est, en dépit de sa crudité apparente, encore un euphémisme. « Le cul » c'est en réalité la mise en scène de situations où une femme est humiliée, soit parce qu'elle est idiote, soit parce qu'elle se fait baiser, soit encore – ça c'est le fin du fin – parce qu'elle est si idiote qu'elle ne se rend même pas compte qu'elle se fait baiser. Dans les cours de récréation, dans les bureaux, et jusque sur les bancs de l'Assemblée nationale.

Car, qu'est-ce qui fait la fortune de ce « cul », de ce « salace », de ce qu'ils appellent des « grivoiseries » ou encore, en revendiquant le caractère identitaire de celles-ci, des « gauloiseries » ? Est-ce l'évocation de la sexualité ? Quand un député dit à sa collègue, députée comme lui, « *je te passe ce papier si tu baises avec moi* », peut-on vraiment croire qu'il exprime le désir d'avoir une relation sexuelle avec elle ? Que c'est ainsi qu'il lui parlerait si tel était son dessein ? Ou est-ce en premier, en second et en dernier lieu, une manière de « remettre les femmes à leur place » ?

Nous savions tout cela. Nous savions l'absence de volonté politique de lutter contre les violences faites aux femmes et contre les différences de salaires, nous savions les chiffres calamiteux sur l'emploi, sur les revenus, sur les retraites, sur le chômage des femmes, sur la fermeture des centres d'IVG, l'état de l'éducation sexuelle donnée aux adolescent·es[6]. Le 21 juin, dans l'émission *C'est dans l'air*, Mme Cattan, de l'association Paroles de femmes, décrit le « *patriarcat contemporain* » dans les écoles : les filles ne parlent pas, elles ne se croient pas les égales des garçons, elles se plaignent à l'animatrice d'être sans cesse tripotées, mais n'osent rien en dire à leurs profs ou à leurs parents.

---

6. Un exemple : l'organe du plaisir chez les femmes, le clitoris, ne fait pas partie des représentations ni dans les dessins de l'« appareil génital féminin », ni dans les discours des « éducateurs ».

Depuis les années 1980 le féminisme est en chute libre; pas partout, non, en Espagne il est encore vivant, car il a droit de cité. En France, il a été écrasé et remplacé par une révolution sexuelle masculine. Et quel est son contenu? Celui de la pornographie. D'une pornographie autrefois confidentielle et qui s'est développée de façon exponentielle en quarante ans, d'abord avec le Minitel, maintenant avec la télévision et internet, et qui remplace toutes les autres formes d'apprentissage. C'est dans les films pornographiques que les garçons apprennent à quoi sert une femme, ce qu'on fait *à* une femme. (Car dans la pornographie on ne fait pas *avec*.) Ce sont les gestes, les « gâteries » qu'ils voient dans ces films qu'ils demandent à leurs « copines » de 12, 13 ou 14 ans.

Comment des adolescents qui voient dans ces films des femmes humiliées et heureuses de l'être pourraient-ils réconcilier cette représentation d'une asymétrie radicale avec l'idée de l'égalité des sexes que l'école est censée « enseigner » ?, Cette idée reste… une idée sans rapport avec « la vraie vie » que leur montrent ces films.

Nous avions vu et entendu la meute des grands hommes défendre Polanski qui « *n'avait rien fait* », ou alors « *c'était il y a si longtemps* », ou alors « *c'était un si grand artiste* », ou encore « *elle faisait plus que son âge* » (elle avait 13 ans). Mais il a fallu l'« affaire DSK » pour nous réveiller complètement, pour que le découragement soit enfin surmonté; elle a été pour beaucoup la légendaire goutte d'eau qui fait déborder une colère longtemps contenue.

Les auteures publiées ici, militantes de toutes les générations, journalistes, chercheuses, ont écrit chacune de leur côté; et pourtant, ce qui frappe, c'est la similitude de leurs motifs d'indignation et de leurs diagnostics. Ces analyses du sexisme révélé par l'« affaire » sont la matière des textes.

Ce que ces textes montrent et dénoncent dans les propos des politiques et des amis de DSK

Le retour de l'idée que les hommes ont des « besoins », des besoins qui se traduisent par des demandes impérieuses adressées aux femmes : celles-ci ont le choix entre céder ou être forcées. Dans les classes d'ados, ces idées sont si répandues qu'on y entend parfois le mythe que les testicules pourraient « éclater » comme des grenades trop mûres. On peut en rire, mais nos intellectuels ne raisonnent pas autrement que les ados, pas en tous les cas quand il s'agit de nier la réalité du viol. Eux aussi font appel à des notions pseudo-psychologiques qui sont en réalité des mythes fabriqués pour la circonstance. Ce que nous appelons viol, c'est pour eux un rapport un peu passionné (le besoin, toujours le besoin, et si nécessaire, on l'appellera « pulsion »).

Les mots pour le dire

Il existe bien des viols, nos hommes politiques le reconnaissent. Et quand ils le reconnaissent, ils le condamnent fermement, et même très fermement. Mais ils ne le reconnaissent pas chez nous, et surtout chez eux. « *Vous dites que c'est un viol, j'appellerais plutôt ça un malentendu, vous savez que les hommes viennent de Mars et les femmes de Vénus ?* » ; « *Vous dites que c'est un viol, j'appellerais plutôt ça du libertinage de type sadien − ce qui d'ailleurs me fait penser à notre grande culture, aux Lumières, vous savez que c'est nous qui les avons introduites en Europe ?* » ; « *Vous dites que c'est un viol, j'y vois plutôt une forme de réflexologie, ce qui me fait penser à la réflexion qui caractérise nos philosophes depuis l'époque des Lum…* »

Le viol n'existe pas dans les classes supérieures

Telle est la croyance entretenue par ces mêmes classes. Il est vrai qu'elles ont peu affaire à la justice. Alors que les enquêtes de victimation montrent que le viol existe également dans toutes les classes sociales, les classes supérieures ne représentent que 10 % des violeurs passant aux Assises[7]. C'est en effet dans ces classes que la pression sur les victimes est la plus forte, que la solidarité de classe joue le plus. Cette solidarité exige l'*omerta*. L'omerta, c'est aussi le changement de vocabulaire pour décrire des faits semblables :

---

7. Enquête de victimation « Cadre de vie et sécurité 2007-2008 » réalisée par l'ONDRP et l'Insee.

le harcèlement se fait « séduction » et l'agresseur présumé devient une victime ne pouvant pas résister aux femmes.

En revanche, le viol est réputé exister dans les classes inférieures, n'exister que là, exister surtout dans la sous-classe inférieure de la classe inférieure ; le viol existe chez les Arabes et les Noirs, le viol existe dans le 9-3, aux Minguettes et dans les quartiers nord de Marseille. Et là, c'est une infamie, une barbarie, due au fait qu'il est commis par des gens pour qui les Lumières… c'est le plafonnier de la salle à manger et l'Astrée un type de margarine[8]. Ils n'ont pas notre culture, refusent de l'acquérir ; ce sont des Barbares, et la preuve en est qu'ils commettent des viols (le raisonnement est circulaire, certes, mais ce sont encore ceux qui marchent le mieux).

La solidarité de classe unit les riches contre les pauvres, les Blancs contre les Bronzés

Elle produit du déni, mais surtout elle permet le déni, et d'autant mieux que depuis une dizaine d'années, les violences sont (prétendument) circonscrites de façon sociale, ethnique et géographique dans des enclaves barbaresques. Ce n'est plus un problème, ou plutôt ce n'est pas un problème de la société *française*. Ainsi le problème est redéfini comme celui du nécessaire contrôle de ces enclaves, et de la réduction du taux d'*étrangéité* sur le territoire français. Il existe bien sûr des exceptions à cette règle de l'inexistence du viol « bien de chez nous » : on admet qu'il existe des viols français, et même dans les classes supérieures, mais ce sont des cas pathologiques − « ce type est un malade ».

Une vision qui ne cadre pas avec les statistiques

Celles-ci montrent en effet que 47 % des viols sont commis par des membres de la famille ou des amis de celle-ci, et que dans 83 % des cas, la victime connaissait le violeur[9].

---

8. Claude Habib, Mona Ozouf, Philippe Raynaud, Irène Théry, « Féminisme à la française : la parole est à la défense », *Libération,* 7 juin 2011. On peut lire notamment : « *Cette grande culture donne de la marge et du jeu. Qu'on se prenne pour Astrée, pour Héloïse ou pour Merteuil, ce n'est pas la même chose.* »

9. Véronique le Goaziou & Laurent Mucchielli, « Les viols jugés en cours

Comme un seul homme

L'une des expressions récurrentes dans les textes féministes. La solidarité principale, avant celle de classe, c'est la *solidarité de genre*. Lors de la manifestation parisienne du 22 mai, on a souvent entendu l'expression : la *caste des hommes*. En effet, indépendamment de leur classe, les hommes qui ont écrit sur l'«affaire» ont écrit en hommes : niant par avance qu'il ait pu y avoir viol dans la chambre du Sofitel de New York, mais aussi niant le viol en général, lui trouvant des «explications» qui sonnent aux oreilles des femmes comme autant d'excuses. Soit que le besoin de l'homme, ou encore une pulsion de type pulsionnel (les pires) l'ait emporté sur sa raison — l'excuse classique du crime passionnel — soit que la femme porte une part de responsabilité : elle était belle, ou au contraire elle était moche, elle était trop habillée, ou au contraire trop peu, elle «s'offrait» (ben voyons!), ou au contraire elle ne s'offrait pas.

Le silence complice des médias sur des événements qu'ils connaissaient est une complicité

Pour se justifier, les directeurs de journaux évoquent le «mur de la vie privée». Ou celui de «la chambre à coucher». Le privé, ici, est décrit comme ceint de murs ; mais on sait très bien que le privé est éminemment portatif. En réalité, le privé est une notion juridique : il est défini comme la sphère, qui n'est pas géographique, où le droit commun n'est plus appliqué. Une femme qui bénéficiait de toutes les protections du droit commun, les perdait quand elle se mariait il y a encore peu d'années : si elle était agressée par un homme, que ce soit chez elle ou dans la rue, et si cet homme était son mari ou son concubin, la police, convoquée, déclarait : « *C'est une affaire privée.* » Et s'en allait.

Ces comportements policiers se font plus rares ; mais beaucoup de maris violents, quand le juge leur signifie qu'ils sont inculpés de violences contre une personne, lui rétorquent « *Ce n'est pas une personne, c'est ma femme!* » Le mariage,

---

d'assises : typologie et variations géographiques », *Études pénales*, CESDIP, septembre 2010.

qui avant faisait des femmes et de leurs biens la propriété du mari, est devenu − entre 1960 et 1990 − « égalitaire », mais pas en matière « sexuelle ». Ce n'est qu'en 1992 que le viol dans le mariage a été reconnu. Avant 1992 le consentement de la femme était considéré comme donné une fois pour toutes, le jour du mariage, pour toute la vie et pour toutes les minutes que durerait celle-ci. Et encore aujourd'hui, les « viols conjugaux » ne représentent que 4 % des viols jugés aux Assises : ils sont très peu dénoncés, très peu poursuivis.

Un statut d'exception pour la « sexualité »

L'une des questions du bac de philosophie cette année était : « *La liberté est-elle menacée par l'égalité ?* » Ce qui manque à la question c'est une précision : la liberté de qui ? Les beaux discours qui nous ont remplis d'écœurement nous ont aussi ouvert les yeux : leur liberté, la liberté des hommes, est de toute évidence menacée par l'égalité. Leur résistance à l'égalité des droits est simple à comprendre : les droits que les maris avaient sur leurs épouses, celles-ci ne les avaient pas sur elles-mêmes ; ou dit autrement : les droits qu'elles n'avaient pas sur elles-mêmes étaient des droits qui avaient été transférés à leur mari le jour de leur mise en couple. Il en découle que l'égalité des droits signifie pour les hommes la perte des droits qu'ils avaient sur leur femme, et plus géné-ralement sur les femmes.

Le viol le plus fréquent est le viol dit conjugal : les femmes n'ont pas récupéré l'entièreté de leurs droits sur elles-mêmes. Non seulement en tant que femmes mariées, mais en tant que femmes tout court. En effet, une femme est-elle vraiment propriétaire d'elle-même, est-elle la seule à décider de ses goûts, de ses choix, de ses actes, bref de sa vie, tant qu'elle doit répondre à des questions comme : « Pourquoi étiez-vous dans ce parking ? » « Pourquoi êtes-vous allée chez lui ? » « Que faisiez-vous dans cette forêt ? » « Avez-vous vraiment dit "non" » ? « Combien de fois ? »

C'est à la victime de prouver son non-consentement ; ce qui montre que pour la société, en l'absence de « preuves » du non-consentement, c'est le consentement qui est présumé. Et même cette acceptation passive – pâle ersatz du désir – est-elle encore vue comme une exigence exagérée[10].

Des libertés pour les hommes qui sont des droits sur nous, voilà ce que réclament la presse et une partie de l'opinion[11]. Mais ils sont trop malins pour les revendiquer directement en tant que droits sur les personnes. Ce qu'ils demandent à cors et à cris c'est un statut d'exception pour la « sexualité ». Mais la question est, comme pour la liberté : la sexualité *de qui* ?

On continue de faire prévaloir le statut sacro-saint du « sexuel » des Uns sur les droits des autres

Et de véhiculer des notions de « sens commun » autour du viol, notions qui pourtant ont été renvoyées par la recherche dans le néant des idées reçues et des justifications pitoyables. Beaucoup de blogueurs doutent de la réalité du viol de Nafissatou Diallo, parce que le prévenu « a les moyens de se payer n'importe quelle femme ». Or tou·tes les chercheur·euses le savent : le viol n'est pas un substitut à la prostitution, comme celle-ci n'est pas un substitut à la sexualité dite « normale ». La plupart des prostitueurs sont mariés et ont une « *vie sexuelle normale*[12] » ; la plupart des violeurs sont mariés, et ont aussi une « vie sexuelle normale ». Ce qu'un prostitueur veut ce n'est pas « une vie sexuelle normale », mais acheter une femme (ou un enfant, ou un homme).

Et ce qu'un violeur veut, ce n'est pas « un rapport sexuel » quelconque, c'est ce rapport *précis* : un rapport violent en soi, quels que soient les moyens qu'il utilise ; ce qu'il veut c'est vaincre la volonté de l'autre, exulter et se pavaner de cette victoire devant sa victime. Lui enlever toute once d'individualité, de valeur ; lui donner en échange, pour long-temps, peut-être pour toute sa vie, le sentiment qu'*elle n'est*

---

10. « *La notion de consentement certainement doit figurer dans le droit, mais en même temps n'est pas adaptée au champ de la sexualité* », Monique David-Ménard, psy et philosophe, « La fabrique de l'humain », France culture, 26 mai 2011.
11. Voir l'interview de Catherine Millet dans *Rue89*, le 26 juin 2011, où la journaliste dénonce avec véhémence la « *judiciarisation du sexuel* ».
12. Disent les experts auprès des tribunaux, la plupart du temps psychiatres, et qui ignorent encore l'existence du viol conjugal.

rien. La spécificité du désir du violeur, de la force qui meut le violeur, les spécialistes (qu'elles soient bénévoles dans les associations féministes, ou professionnelles) la connaissent bien : c'est la volonté de rabaisser, de détruire – psychiquement sinon physiquement – les femmes[13]. C'est en un mot la haine des femmes.

Mais cette haine des femmes, qui parcourt toute notre société, nos contes populaires, nos chansons, notre culture, aussi loin qu'on remonte, cette haine qui est en arrière-plan – quand elle n'est pas au premier plan – de presque tous nos films, de presque tous nos romans, elle est comme la lettre cachée du conte d'Edgar Poe : si visible, si « évidente » qu'on ne la voit pas. Quand on la voit, dans des cas exceptionnels de tueurs en série, on fait mine de croire que tous les viols sont exceptionnels, sont « pathologiques ». On ne dira jamais assez que les violeurs, comme les délinquants de la route, ne sont justement pas des délinquants ; comme les maris violents, ce sont des hommes ordinaires ; les plus ordinaires des hommes. Des hommes « normaux ». Qui, comme les autres, ne demandent que leurs droits. Le droit d'être les maîtres. Des maîtres qui punissent les femmes au nom de tous les autres maîtres. Un prisonnier américain, dans un documentaire diffusé sur France 2 fin mai, disait : « *Le viol en prison, ça n'est pas sexuel, c'est une punition.* » Pas seulement en prison : le viol *en général* est une punition[14]. Il suffit d'en punir quelques-unes : 75 000 par an. D'abord on ne court

13. Certains ne veulent pas *tout* ça : ils veulent juste « leur » coït, celui auquel ils ont droit, selon la loi non écrite, mais bien en vigueur et défendue par des avocats, qu'une femme qui se laisse toucher le bout du pied par un homme a *en fait* passé un contrat de copulation avec lui, et qu'il peut légitimement s'indigner, et même la forcer si elle « s'arrête en plein milieu ». Ces hommes-là étaient prêts à une relation symétrique, mais s'il n'y a pas de bonne volonté de l'autre côté, que faire je vous le demande ? Ce qu'on se demande, nous, à propos de ces non-systématiquement-violeurs, c'est : qu'est-ce qui leur fait penser qu'il s'agit du même acte, quand non seulement il n'y a plus volonté de l'autre, mais qu'il y a refus ? Comment peuvent-ils continuer à être excités quand l'autre dit non, se ferme, se débat ? Cette indifférence à l'autre, dont la participation est bienvenue, mais dont le refus ne compte pas, est aussi inquiétante à sa façon que le sadisme.
14. Mais c'est sexuel aussi diront certain·es. Oui, dans la mesure où la sexualité est elle-même, comme le théorise Catharine MacKinnon,

que très peu de risques : sur ces 75 000 viols, 10 000 donnent lieu à une plainte et 2 000 aboutissent à une condamnation. 73 000 viols chaque année sont impunis. Ensuite, pour une femme violée, des millions d'autres comprennent la leçon. Qu'elles doivent se tenir plus tranquilles ; plus discrètes ; plus humbles. Qu'elles doivent solliciter, contre les hommes dont elles ne savent pas lesquels sont dangereux, ni à quel moment ils le deviendront, la protection d'autres hommes.

La culture du viol est une culture de l'impunité

Les viols ne sont pas des accidents isolés, commis par des marginaux ou des fous. Le viol fait partie des violences masculines, et ces violences sont, comme Jalna Hanmer l'a dit dès 1978, un moyen d'instiller la peur dans toutes les femmes et de les contrôler.

Pour que le contrôle de la vie de toutes les femmes par le viol soit efficace, soit possible, il faut la collaboration de la police et de la justice. 10 000 plaintes pour 75 000 viols, ça fait peu. *Mais 2 000 condamnations pour 10 000 plaintes… Qu'arrive-t-il aux autres ?* À quel moment les juges décident-ils un non-lieu ou un classement sans suite, et surtout pourquoi ? Ces 8 000 personnes, presque toutes des femmes, seraient-elles toutes des menteuses ?

Cette culture de l'impunité, c'est d'abord la culture du soupçon, à l'endroit des femmes, des seules femmes. Revendiquée. Dès la première annonce le 14 mai, Maryse Burgot, debout devant la Cour suprême de New York, nous avertit : « *Ici les affaires de délinquance sexuelle sont prises très au sérieux.* » Qu'est-ce que cela veut dire, sinon qu'elles sont prises *plus* au sérieux que chez nous ? Mais ce n'est pas tout : « *Il existe ici* [aux États-Unis], *une sacralisation de la parole des victimes.* » Voilà quelque chose dont on ne pourra pas accuser la France ! Entre le 24 et le 26 juin, on n'a entendu parler que de la libération d'un homme qui a passé huit ans en prison pour un viol. La jeune fille qui l'accusait s'est rétractée (elle avait vraiment subi des violences sexuelles, mais montré

« L'érotisation de la domination », *Le féminisme irréductible*, Paris, Éditions Des femmes, 2005.

du doigt la mauvaise personne). On a raison de montrer une erreur judiciaire. Mais pourquoi les journalistes n'en profitent-ils pas pour parler aussi des 73 000 viols impunis chaque année ? Pourquoi, lors d'une émission sur le viol, le 23 juin 2011, Yves Calvi, qui s'inquiète beaucoup du risque de «fausses accusations», qui est soulagé d'apprendre que ses peurs sont fondées car deux femmes présentes sur le plateau lui confirment qu'il existe bien des «fausses victimes», pourquoi ne s'inquiète-t-il jamais des *vraies* victimes, qui sont 10 000 fois plus nombreuses, qui ne seront jamais reconnues, et dont le violeur court toujours ?

Deux poids-quatre mesures

Or doncques, les policiers et les juges nous expliquent que nous devons nous protéger nous-mêmes du viol, en acceptant les interdits posés par le risque de viol, donc par les violeurs ; que nous devons accepter ces limitations de nos libertés constitutionnelles. Pour parler clair, que les femmes ne jouissent pas des mêmes droits que les hommes, et doivent accepter cet état de fait – souvent présenté comme fait de nature.

Mais alors même que l'«affaire» bat son plein, Claude Guéant, ministre de l'intérieur de la République française, refuse la nationalité française à un Algérien marié depuis quatre ans avec une Française. Il déclare à RTL le 10 juin : «*L'homme a un comportement qui ne respecte pas l'égalité homme-femme telle qu'elle se conçoit dans la République*» (*Rue89*, 17 juin). Encore une fois, c'est grâce aux Maghrébins et à leurs requêtes ahurissantes que l'on apprend de la bouche d'un cabinet du ministre quels sont les comportements qui sont incompatibles «*avec les valeurs essentielles de la communauté française*».

Le pays du silence

Cette culture de l'impunité, c'est la culture d'une société qui dénie aux femmes, à la moitié de la population, la jouissance de ses droits fondamentaux : le droit que leurs plaintes soient enregistrées par la police, que leur parole soit prise au sérieux ; le droit que leurs libertés – dont celle d'aller et venir où elles veulent – soient protégées, comme celles des hommes. C'est ça le rôle de la police et de la justice. Au lieu de quoi, ces institutions payées par les impôts des femmes (des hommes aussi, mais il y en a moins) font la liste des lieux qui leur sont interdits sous peine de viol[15] : « si vous joggez – si vous devez à toute force jogger – faîtes-le en plein jour, dans des endroits fréquentés, avec un homme, à défaut avec une femme, à défaut avec un chien, à défaut avec un sifflet ». Il y a plein d'autres conseils comme ça, qu'on peut résumer par : conformez-vous au contrôle, ne faites que ce que les violeurs ne vous interdisent pas.

Beaucoup d'entre nous l'ont dit, « il y aura un avant et un après DSK ». Le pays tout entier a été secoué autant par la réponse rapide des féministes que par le sexisme des « amis ». Personne ne peut plus ignorer qu'il se dessine là, à partir de cette dispute, une alternative : soit on suit une voie, soit on suit l'autre. Il n'y a pas de compromis, pas de réconciliation possibles entre les victimes de viol et ceux qui nient, minimisent ou excusent le viol.

Les apologistes de la « séduction à la française » ont eu leur heure d'écoute. Ils ont semblé gagner la guerre des mots, mais l'arme de l'euphémisme et de la confusion est apparue pour ce qu'elle est : elle ne deviendra pas totalement inefficace, mais on peut espérer qu'elle trompera moins de gens. Les appels des amis à un passé glorieux[16] en défense d'un « libertinage » qui interdit aux femmes d'être sujets et maîtres d'elles-mêmes, et qui ne les calcule que comme objets d'un jeu masculin, ça ne passe plus. Ça ne marche plus, les féministes l'ont fait savoir, continueront de le faire savoir, et continueront de dénoncer les violences sur lesquelles les amis jettent le voile des jeux sur les mots et du double discours.

Nous recommencerons à lutter – si jamais nous avons cessé – contre le deux poids-deux mesures, contre les multiples deux poids-deux mesures qui manifestent la persistance d'une domination féroce. Le lavage de cerveau

---

15. Toujours Yves Calvi, le 23 juin 2011.
16. Le député Jean-Marie Le Guen.

patriarcal, qui a réussi, au bout de quarante ans de campagnes ininterrompues des plus puissants groupes de presse, à persuader les femmes que les féministes sont leurs ennemies, a d'un seul coup montré ses limites. Les femmes, toutes les femmes, se sentent indignées par cette banalisation du viol, parce qu'elles sont toutes concernées par le viol.

Aujourd'hui, des femmes parlent de violences sexuelles qu'elles n'ont jamais dites, qu'elles taisaient depuis dix, vingt, trente ans. En France l'« affaire Strauss-Kahn » aurait été étouffée, c'est ce que disent la plupart des internautes (pour s'en féliciter ou pour le déplorer). Quand les intellectuels médiatiques disent que l'étouffement des scandales est la condition de l'« harmonie entre les sexes », ces femmes savent, elles, que c'est l'étouffement qui est scandaleux ; elles paient tous les jours de leur vie le silence que cette société leur a imposé.

Cette affaire marquera sans doute un sursaut : on peut parier que les féministes vont, à l'occasion de la campagne présidentielle, demander aux partis et aux candidats de prendre des positions claires sur les inégalités entre femmes et hommes ; et d'abord d'adopter enfin une loi-cadre contre les violences de genre, à l'instar de la loi espagnole, et de l'assortir cette fois de moyens[17]. Ce pays appartient autant aux femmes qu'aux hommes ; il ne doit plus demeurer le pays du silence.

---

17. La loi votée en 2010 : 1) n'est pas appliquée ; 2) est insuffisante en ce qui concerne la protection, l'éviction du domicile du partenaire violent pouvant être refusée par le juge ; 3) et pourtant elle a été jugée comme allant trop loin par le Syndicat de la magistrature, en ce qu'elle nomme les femmes comme les victimes de cette violence au lieu de considérer tous les conjoints, concubins, pacsés, et ex., comme également susceptibles d'être maltraités, indépendamment de leur genre. Ce pays n'ira nulle part tant que, comme le Syndicat de la magistrature, il prétendra qu'il y a autant d'hommes battus que de femmes battues, tant qu'il niera que cette violence fait partie d'un système patriarcal, tant qu'il se refusera à dire que les femmes sont maltraitées par des hommes et parce qu'elles sont des femmes.

Loi du 24 avril 2008 sur le droit des femmes à éradiquer la violence machiste (Catalogne)

En Espagne, la loi contre la violence de genre (*la violencia de género*) existe au niveau national ; mais certaines des régions autonomes ont aussi rédigé leur propre loi. Le préambule de la version catalane de la loi contre la violence de genre donne un bon exemple de ce qui manque à la loi française, qui se contente de modifier des articles préexistants du Code civil et du Code pénal, sans tenter d'expliquer ce qui est spécifique de cette violence, ce qui la suscite et ce qu'elle produit. La loi catalane, elle, lui donne un sens en expliquant son caractère systémique ; elle l'inscrit dans un système particulier : le système général de domination des hommes sur les femmes, le système patriarcal.

« Les violences exercées sur les femmes ont été désignées à partir de différents termes : violence sexiste, violence patriarcale, violence virile ou violence de genre, entre autres. Dans tous les cas, la terminologie indique qu'il s'agit d'un phénomène dont les caractéristiques sont bien différentes des autres formes de violence. C'est une violence que subissent les femmes par le seul fait d'être femme, dans un contexte de relations de pouvoir inégales entre les femmes et les hommes. La présente loi reconnaît le caractère spécifique et différencié de cette violence ainsi que la nécessité de développer les droits des femmes afin d'inclure leurs besoins au sein de l'espace social. La présente loi utilise l'expression *violence machiste*, parce que c'est le concept du machisme qui, de la manière la plus générale, définit les comportements de domination, de contrôle et d'abus de pouvoir des hommes sur les femmes et qui, conjointement, a imposé un modèle de masculinité considéré, aujourd'hui encore, comme supérieur par une partie de la société. La violence à l'égard des femmes est l'expression la plus grave et dévastatrice de cette culture, qui non seulement détruit des vies humaines, mais, en outre, empêche le développement des droits, l'égalité des chances et les libertés des femmes. Le droit ne peut donc traiter ce problème social d'un point de vue faussement neutre. Au contraire, il faut que les instruments légaux reconnaissent cette réalité afin d'éliminer l'inégalité sociale qu'elle génère. Pour atteindre l'égalité matérielle sans provoquer une double discrimination, il faut partir des inégalités sociales existantes. »

Le respect des femmes doit prévaloir[1]

Gisèle Halimi[2]

Gisèle Halimi, 84 ans, avocate féministe, a souvent défendu dans sa carrière des femmes victimes de viol. Elle fait écho dans cet entretien aux regrets des féministes françaises : trop de réactions de compassion à l'égard de Dominique Strauss-Kahn et peu d'empathie pour cette femme de ménage, l'accusatrice.

Que vous inspire le spectacle de la justice auquel nous assistons depuis deux jours à la télévision autour de Dominique Strauss-Kahn ?

C'est pour moi une leçon d'indépendance et d'intégrité de la justice américaine. Le fait de voir Dominique Strauss-Kahn, un homme puissant, encadré par des policiers, au tribunal, cela montre à quel point il n'y a pas dans ce pays de justiciable VIP ! Mais bien sûr, on ne peut pas s'empêcher de ressentir une sorte de commisération à l'égard de la chute d'un homme.

À vous entendre, DSK est potentiellement coupable ?

1. Entretien avec Corinne Thébault, publié le 18 mai 2011 dans *Le Parisien*.
2. Avocate, elle a milité pour l'indépendance de l'Algérie et de la Tunisie. En 1960 elle intente, au nom d'une jeune Algérienne torturée, un procès à l'armée française. En 1971 elle fonde « Choisir la cause des femmes » et plaide en 1972 au fameux « procès de Bobigny », où elle défend Marie-Claire et sa mère accusées de « *crime d'avortement* », qui fera avancer la cause de l'avortement libre. En 1978, elle plaide pour deux jeunes filles victimes d'un viol collectif, procès qui sera une étape importante dans la lutte pour redéfinir le crime de viol. Elle a publié une douzaine d'ouvrages dont notamment *La cause des femmes*, Paris, Grasset 1977 ; *Viol, le procès d'Aix,* Paris, Gallimard, 1978 ; *Avocate irrespecteuse,* Paris, Plon, 2002 ; *Histoire d'une passion*, Paris, Plon, 2011.

C'est cela dont il s'agit. Il est possible que de tels actes aient été commis et je suis même persuadée que si cette affaire était arrivée en France, on n'en aurait rien su. Ce qui se passe aux États-Unis, avec la brutalité de cette justice, réaffirme la dignité de la femme et la protection des plus faibles. Il faut le dire, c'est une victoire des féministes américaines qui, depuis des années, ont travaillé pour démontrer que le harcèlement sexuel, le viol étaient des faits graves.

> Votre position est totalement opposée à celle de Robert Badinter, pourtant comme vous à gauche, lorsqu'il affirme que DSK est victime de « mise à mort médiatique » et son accusatrice protégée.

C'est la levée de boucliers des amis. Moi, je veux juger cette affaire en tant que femme et, pour moi, cette femme dit la vérité dans ces circonstances. Quel intérêt une simple femme de ménage, noire, mère célibataire, pourrait avoir pour ne pas dire la vérité ? Quel serait son intérêt ? J'ai souvent vu au cours de ma carrière le même processus : cette femme est aujourd'hui dans la colère, la révolte. Elle a osé parler. Mais bientôt, on va fouiller dans sa vie privée, on va dire qu'elle a pris un pot avec untel ou untel, on va interroger sa famille. J'ai commencé à lire ici ou là des dénigrements. Mises en cause, ces femmes finissent par sombrer dans une dépression et regrettent d'avoir porté plainte. L'objectif est bien sûr de les contraindre au silence. C'est pour ces raisons qu'elle est actuellement protégée par la police et la justice américaines.

> Les féministes françaises trouvent qu'en France les réactions politiques ne manifestent guère d'empathie pour cette victime. Êtes-vous d'accord ?

De ce point de vue, je suis effectivement déçue par la gauche. Il ne me semble pas avoir entendu les Aubry, Guigou, Royal exprimer leur compassion pour la victime. Je le regrette car s'il y a une chose qui doit prévaloir sur l'amitié, l'esprit de clan, c'est le respect des femmes. Ou alors, qu'on ne nous parle pas de socialisme.

« Affaire DSK » : l'impensable viol[1]

Clémentine Autain[2]

Que s'est-il passé dans la chambre 2806 ? Seuls deux protagonistes, Dominique Strauss-Kahn et la jeune femme de
chambre « Ophélia[3] », le savent. En revanche, ce que nous
savons, c'est que la réception de l'événement en dit long sur
l'état des consciences, sur notre représentation du monde.
La tonalité des commentaires sur l'« affaire DSK » est symptomatique d'une société qui maintient le viol dans le tabou et
protège les puissants. Elle aura mis en lumière le mépris à
l'égard de la parole des femmes et la solidarité de classe qui
domine l'espace public.

Les premières 48 heures d'interventions et d'analyses
(comme d'habitude, essentiellement d'hommes blancs
quinqua ou sexagénaires) après l'arrestation de Dominique
Strauss-Kahn furent sans doute les plus édifiantes. La version de la plaignante est d'abord apparue impensable aux
yeux du plus grand nombre, et peut-être plus encore pour les
leaders politiques et médiatiques. La sidération a déchaîné
les affects et donné à voir, de façon brutale et sans masque,
notre imaginaire social sur la sexualité et le pouvoir. Sans
fard, la garde rapprochée du patron du FMI est montée au
créneau sur toutes les antennes pour défendre « Dominique ».

---

1. Texte rédigé à partir d'une tribune parue dans *Libération* le jeudi 19 mai
2011 et d'un article de *Regards* de juin 2011.
2. Cofondatrice de l'association féministe Mix-Cité, directrice du mensuel
Regards, auteure de *Transformer à gauche*, Paris, Le Seuil, 2009 ; *Les machos expliqués à mon frère*, Paris, Le Seuil, 2008 ; *Les droits des femmes,
l'inégalité en question*, Paris, Milan, 2003 ; *Alter égaux, Invitation au féminisme*, Paris, Robert Laffont, 2001.
3. NDE : C'est sous ce nom que Nafissatou Diallo est d'abord apparue dans
la presse.

Aussi juste soit-elle, la présomption d'innocence fut martelée si fort qu'elle semblait transformer DSK en victime présumée. L'incrédulité à l'égard de la plaignante et la thèse du complot tenaient clairement la corde. Les pensées pour « l'homme » qui traverse une épreuve, pour sa femme et ses camarades, ou les commentaires sur l'image de la France et l'avenir du Parti socialiste ont dominé l'espace médiatique.

Ségolène Royal, dès le dimanche soir au JT de France 2, déclarait : « *Je pense d'abord à l'homme.* » Elle n'aura aucun mot pour la femme de chambre. Le lendemain matin, Jean-François Kahn a livré sa thèse sur France Culture : le fondateur de *Marianne* a eu l'« *impression* » qu'il s'est agi d'un « *troussage de domestique* ». Pour Jack Lang, qu'on se le dise : « *Il n'y a pas mort d'homme.* » Autrement dit, ce n'est qu'un viol de femme, ce n'est pas bien grave La socialiste Michèle Sabban a fait savoir sa conviction : « *un complot international* », en ajoutant que « *tout le monde sait que sa fragilité, c'est la séduction, les femmes* » et que les manipulateurs l'ont « *pris par cela* ». Manière de supposer que DSK croisant dans un hôtel une intrigante achetée, déguisée en soubrette, ne pouvait que tomber dans le piège. BHL ne fut pas en reste pour défendre son « ami », avec un prisme de classe qui laisse pantois : « *J'en veux, ce matin, au juge américain qui, en le livrant à la foule des chasseurs d'images qui attendaient devant le commissariat de Harlem, a fait semblant de penser qu'il était un justiciable comme un autre.* »

Tous appelaient à la retenue et à la décence. Mais la décence, n'était-ce pas aussi d'avoir un mot, une pensée, une émotion, pour la jeune femme de chambre qui a peut-être subi un acte odieux et qui traverse, elle aussi, un moment difficile ? Parmi les leaders politiques, une petite minorité a eu cette attention – Jean-Luc Mélenchon, Marie-George Buffet et Cécile Duflot. Pour le reste, il y a eu deux poids, deux mesures. Les grands médias ont donné l'impression eux aussi d'avoir choisi leur camp.

Dans un tel climat, on comprend le résultat du sondage (CSA pour BFM), réalisé le lendemain de la sortie de l'« affaire DSK » : une majorité de Français aurait retenu l'hypothèse d'un complot. Voilà l'effet de la stupéfaction, de la sidération : comment un homme aussi puissant, aussi intelligent, aurait-il pu commettre un viol ? Dans notre imaginaire, le violeur se recrute plutôt dans les catégories populaires. Les « tournantes » se passent en banlieue, avec des jeunes garçons arabo-musulmans. Pas dans les hôtels de luxe, avec des super-diplômés richissimes. Nous ne voulons pas voir que toutes les catégories socioprofessionnelles sont concernées, que les viols en réunion se passent aussi dans les beaux quartiers, que certains hommes de pouvoir, du grand monde, utilisent leur position de domination pour obtenir des relations sexuelles forcées, en politique comme dans les entreprises. Nous ne voulons pas voir la triste banalité du viol, du harcèlement et des agressions sexuelles.

L'invisibilité de l'employée du Sofitel et le mépris à l'égard de sa plainte sont entrés en résonance avec la suspicion qui pèse sur les femmes victimes de viol. Nombre d'entre elles se taisent par peur d'être prises pour des affabulatrices. Quand Jean-Marie Le Guen évoque sur France Inter l'hypothèse d'une « *hallucination* » de la jeune femme, sans même contrebalancer son propos par quelques secondes en sa faveur – au cas où il apporte de l'eau au moulin qui conduit les femmes victimes à se murer dans le silence. Sa ligne de défense est parfaitement audible parce que la mise en doute de la parole des femmes violées est banale. On entend d'ici le fameux : « Elle l'a bien cherché. »

Dans les faits divers concernant des gens « ordinaires », un homme arrêté pour viol apparaît dans la presse comme un « violeur présumé ». Pas DSK. Faut-il comprendre ce traitement plus favorable en raison de sa position sociale ? Comme l'a récemment montré le cas d'Éric Woerth, la présomption d'innocence n'est pas suivie à la lettre dans les affaires de corruption, car ce qui est en cause paraît politiquement très grave. Sans doute faut-il donc voir dans le cas DSK, en plus d'un prisme de classe, le signe de la tolérance sociale à l'égard de ce type de crimes et délits. Elle va de pair avec la grande confusion qui domine entre la drague, le libertinage, d'une part, et le harcèlement, les agressions sexuelles, le viol, d'autre part. «L'homme qui aime les femmes sans modération» titrait un quotidien au sujet de DSK, au moment où celui-ci est accusé d'avoir imposé une fellation à une employée d'hôtel et de l'avoir séquestrée. C'est dire si l'on mélange tout… Séduire, ce n'est pas la même chose que harceler. L'adultère ou l'échangisme, qui relèvent de la vie privée et de pratiques entre adultes consentants, n'ont rien à voir avec les violences sexuelles. Les raisons de la tolérance sociale à l'égard des violences faites aux femmes sont avant tout historiques. C'est l'organisation patriarcale qui est en cause. Le pays du droit de cuissage ne sort pas indemne de son passé. Et aujourd'hui encore, les identités masculin/féminin se structurent autour du couple actif/passive, dominant/dominée. La sexualité est marquée par ces normes sexistes qui pèsent sur nos fantasmes, nos représentations et nos pratiques.

Il y aura un avant et un après l'«affaire DSK». La chape de plomb qui entoure le viol s'est soulevée. Les langues se sont déliées. Enfermés dans le tabou, le viol et le machisme ont surgi dans l'espace public. C'est souvent dans le secret de la confidence que les femmes racontent ces histoires qui, sur le papier, dans la loi, sont des crimes ou des délits. Même à ses proches, il n'est pas toujours simple de révéler que l'on a subi un viol. Le viol est le seul crime dans lequel la victime a généralement honte et nourrit un sentiment de culpabilité. La peur saisit et ne permet pas toujours d'avoir la force de pousser la porte du commissariat. Beaucoup de femmes se demandent aussi : à quoi bon ? Il n'y aura pas de preuves, ce sera parole contre parole : comment survivrai-je à un procès qui jugerait non coupable l'homme qui m'a violée ? La procédure apparaît souvent comme une épreuve alors qu'elle doit constituer une étape dans la reconstruction. Aller raconter dans un bureau froid, devant un inconnu, les détails crus d'un viol est pour le moins difficile.

Le cas de Tristane Banon est de ce point de vue significatif. En 2007, quand elle raconte dans une émission de Thierry Ardisson, sous forme de dîner, qu'elle a été victime d'une tentative de viol de la part d'un homme politique, le ricanement des hommes présents est glaçant. Sur un ton léger qui traduit sans doute le malaise et la difficulté à parler de cet événement traumatisant, elle dit que l'homme l'a mise à terre et lui a arraché son soutien-gorge. À ce moment-là, Ardisson réplique, en rigolant : « *J'adore* ». Le nom du politique est bipé mais cette révélation ne suscite aucune enquête, aucune reprise journalistique. Encouragée par sa mère et son éditeur, Tristane Banon décide de ne pas porter plainte[4]. La peur de ne pas être crue, de voir sa carrière brisée, d'être à vie considérée comme celle qui a dénoncé ces faits.

Quelle que soit la réalité de l'« affaire DSK » et les résultats du travail de la justice, elle doit être l'occasion de briser l'omerta qui pèse sur le viol, de faire émerger la parole des femmes, de regarder en face la réalité et la gravité de cet acte ultime de domination d'un sexe sur l'autre. Plusieurs dizaines de milliers de personnes – 75 000 selon les estimations – sont victimes de viol en France chaque année. Le viol est profondément destructeur pour les victimes et pèse comme une menace sur la liberté de toutes les femmes. Une vérité qui dérange mais qui doit être dite.

J'ai mis plus de dix ans à dire publiquement cette vérité : j'ai été victime de viol. Avant, je mentais sur les raisons de mon engagement féministe. Et tout le monde, ou presque, autour de moi m'incitait à me taire. Il m'a fallu du temps pour avoir la force d'assumer. Mais je ressassais : par mon silence, je suis complice des violeurs. Ce n'est pas ma vie privée mais de la violation de mon intimité, de mon intégrité dont il s'agit. C'est un crime. Si aucune victime ne montre son visage, quelle peut en être la réalité ? Je voulais témoigner aussi qu'il est possible de vivre et non survivre après un viol. L'homme qui m'a violée a avoué avoir commis entre vingt et trente viols. Aux Assises, nous étions trois plaignantes. Je pense à celles qui n'étaient pas là. Pour elles, pour toutes celles qui ont peur, sont seules dans la douleur et dont le violeur court toujours, je veux dire à toute la société que les oreilles doivent se tendre et qu'il est temps de nous entendre et de nous croire.

---

4. NDE: Tristane Banon a déposé plainte en juillet 2011.

Bienvenue chez les « pas nous, pas nous »[1]

Sabine Lambert[2]

Le 17 mai 2011, le journal de 20 heures de TF1 est en duplex de New York pour couvrir ce qu'il convient désormais d'appeler l'« affaire DSK ». L'envoyé spécial de la chaîne s'exclame alors : « *On se croirait dans une série américaine* » ! Et pour cause, sur TF1 on se détend tous les soirs ou presque grâce à une fiction nous présentant le fonctionnement du système judiciaire américain : toutes séries confondues, la chaîne propose plus de vingt heures hebdomadaires de fictions sur le sujet[3]… L'une de ces séries, *New York unité spéciale*, aborde notamment le parcours de deux enquêteurs de la désormais très célèbre « *Special Victims Unit* », cette « unité spéciale pour les victimes » qui, dans la réalité, a été chargée d'arrêter Dominique Strauss-Kahn le 14 mai 2011, suite à la plainte pour agression sexuelle qui a été déposée contre lui. Cette fiction, bien connue des Français, puisqu'elle est diffusée depuis plus d'une décennie dans notre pays, s'appuie sur le rapport intime qu'entretient l'enquêtrice, Olivia Benson, à la question du viol et plus globalement des agressions sexuelles : fruit d'un viol, Olivia Benson sera également victime d'une agression sexuelle au cours d'une enquête. Au fil des épisodes, on oscille constamment entre la force

---

1. Texte en date du 12 juin 2011. *Pas nous, pas nous* est le titre français d'un film américain réalisé par Arthur Hiller en 1989. Le titre original est *See No Evil, Hear No Evil*.
2. Étudiante en sociologie à l'université de Poitiers.
3. Julien Salingue, « Affaire DSK (4) : ils ne sont plus "tous américains" », 23 mai 2011, sur le site d'Acrimed (www.acrimed.org/article3599.html).

que ces expériences lui conféreraient en tant qu'enquêtrice, l'acuité particulière, la ténacité que son vécu lui apporterait, et un certain « aveuglement », du fait d'une prétendue trop grande proximité à ce vécu. Ce que tempère, évidemment son collègue policier masculin, Elliot Stabler.

Dans ce tandem classique, l'opprimée serait aveuglée par son oppression, et ramenée à la raison par un homme compatissant mais plus « raisonnable », du fait de sa prétendue « distance ». Il se dessine ici le fameux « *La femme ressent et est partie prenante / L'homme pense et est neutre* ». Cette même posture est reprise le 31 mai 2011 dans le journal *Libération* par Thomas Clerc[4] : selon lui, lorsque Clémentine Autain s'exprime à propos de la victime présumée de DSK, et elle est une des premières à le faire dans les médias, c'est parce que « *le viol est d'abord une réalité* [pour elle] *: il est donc logique qu'elle prenne la défense de la victime* ». Mais on le devine déjà, la logique de l'opprimée est forcément bancale pour l'auteur. Selon lui, « *Autain oublie seulement de poser correctement le problème des relations hommes-femmes* ». Et bien évidemment, Thomas Clerc saurait correctement poser le « problème », lui, du haut de sa prétendue neutralité. Voilà comment il s'y prend : les hommes seraient les victimes des agressions sexuelles qu'ils commettent ; ils seraient « *les "trop désirants", qu'un couperet juridique châtre sans distinction* ». Retenez vos larmes et admirez le renversement. Cette stratégie, visant à confondre viol et sexualité, victimes et agresseurs, le tout en se dressant sur ses ergots d'un point de vue soit disant « neutre », a été reprise sur beaucoup de plateaux de télévision. Ainsi, au cours de l'émission « Ce soir ou jamais[5] » (on opterait dans ce cas volontiers pour « jamais »), Jean-Didier Vincent, neurobiologiste, et Thierry Lévy, avocat, comparent le sort de Dominique Strauss-Kahn et Anne Sinclair à celui de « parias », tels… Joseph et Marie arrivant à Bethléem. Il fallait oser. Mais nos deux compères

---

4. Thomas Clerc, « Affaire DSK : la gauche face à la pulsion masculine », 31 mai 2011, sur le site du journal *Libération* (www.liberation.fr/politiques/01012340434-affaire-dsk-la-gauche-face-a-la-pulsion-masculine).
5. Émission du 31 mai 2011, présentée par Frédéric Taddeï, sur France 3.

osent tout, dissertant par exemple tranquillement sur leurs premiers émois érotiques, avant de s'émouvoir de la « *fragilité* » de DSK, « *exposé à ce genre de mésaventure* », pour enfin mélanger allégrement les violences sexuelles et la sexualité. Quels que soient les médias, il aurait fallu systématiquement demander aux hommes badinant sur le viol, ce qu'ils penseraient si, en rentrant chez eux après une interview, un homme les frappait, les maintenait au sol et leur enfonçait son sexe dans la bouche. Il aurait fallu leur poser cette question : « Si vous viviez cela, penseriez-vous que : a) vous venez de vivre une dimension de votre sexualité excitante mais jusque là inexplorée ; b) votre agresseur vient de vivre une « mésaventure » causée par sa « fragilité » mais, heureusement, il n'y a pas mort d'homme ? ; c) vous venez de vivre une agression sexuelle ultra-violente ? »

Dans les médias, les mots du viol sont recouverts par ceux-là même qui ne peuvent pas prononcer les termes « *fellation forcée* » sans rougir. Ce sont pourtant eux qui fustigent un certain « puritanisme », qui moquent des féministes qui seraient « coincées ». Ils prennent un air dégagé, mais évoquer la tentative de rapport anal forcé qui est mentionnée dans la plainte du procureur new-yorkais à l'encontre de DSK, les ferait défaillir. Alors, qui dans cette affaire recouvre tout d'un voile rose ? Qui ne veut pas que les mots du viol soient prononcés ? Qui refuse que ces réalités émergent ? Et qui ne veut pas voir, ne pas savoir, ne pas y croire ?

Ces femmes qui font « bloc comme un seul homme »

Lors des premiers jours de l'« affaire », on a pu voir certaines femmes balayer d'un revers de la main la victime présumée, mettant d'emblée en doute son témoignage ou hurlant au complot contre le mâle comme l'a fait Christine Boutin par exemple[6]. On a pu voir des femmes faire « bloc, comme un

---

6. Selon Christine Boutin, on aurait « *tendu un piège* » à un homme « *vigoureux* ». Voir l'article « Pour Dominique Paillé, DSK pourrait être tombé dans un piège », *LePoint.fr* (www.lepoint.fr/politique/pour-dominique-paille-dsk-pourrait-etre-tombe-dans-un-piege-15-05-2011-1330832_20.php).

seul homme », par leurs silences ou par leurs mots[7], à l'image de ces responsables femmes du Parti socialiste étalant leur incrédulité devant la possibilité d'un viol, incrédulité mâtinée de chaudes larmes pour l'ami et camarade menotté. Mais ces femmes n'ont-elles pas, un jour, vu dans le regard d'un homme leur image transformée en cible, en chose, en bout de viande ? N'ont-elles jamais eu à faire face à des avances lourdes, une main aux fesses, des remarques sexistes, une agression ? On sait par exemple que le monde politique est loin d'être un univers exempt de violences envers les femmes, comme en témoigne un article du *Parisien*[8] : au sein de l'hémicycle, on peut par exemple entendre dans la bouche d'un député UMP des Yvelines : « *Habillée comme ça, faut pas s'étonner de se faire violer !* » ; on peut s'entendre répondre, lorsque l'on demande un document, « *Je te le donne si tu baises avec moi !* » Au sein de l'hémicycle, enfin, on hésite à porter une jupe à cause des « *remarques salaces* » de certains députés, comme en témoigne la ministre des sports, Chantal Jouanno.

Lorsque l'« affaire DSK » a éclaté, certaines femmes politiques n'ont pas voulu croire à la possibilité d'une agression sexuelle commise par un homme comme DSK. Il ne s'agit pas ici de prendre position quant à la culpabilité d'un homme. La question est autre part, elle dépasse un homme en particulier. La question est : est-il si difficile de croire qu'un homme comme lui, de ce milieu social, avec ces responsabilités, cet argent, ce parcours, puisse commettre un tel acte ? La question est : jusqu'à quel point faut-il avoir fermé les yeux pour s'étonner d'une telle possibilité ?

Ces femmes incrédules ont pourtant vécu des violences. Chacune d'entre elles s'est un jour faite agresser physiquement ou verbalement parce qu'elle est une femme. Comme

---

7. « Dominique Strauss-Kahn n'est pas un "séducteur". Quelques remarques sur le traitement médiatique du harcèlement sexuel en France », par LMSI, http://lmsi.net/Dominique-Strauss-Kahn-n-est-pas.
8. Nathalie Ségaunes, « Le machisme ordinaire à l'Assemblée nationale », *Le Parisien*, 30 mai 2011 ; www.leparisien.fr/politique/le-machisme-ordinaire-a-l-assemblee-nationale-30-05-2011-1472812.php.

nous toutes. Pourquoi était-ce donc si difficile, en tant que femme, ne serait-ce qu'une seconde, de se mettre d'abord à la place de la jeune femme agressée? Fallait-il attendre au Parti socialiste, l'intervention de chargés de communication pour que l'on évoque cette jeune femme? Ce changement de discours ne pouvait-il être porté que par le seul espoir de ne pas écorner l'image du PS et ne pas faire fuir son «électorat féminin»? Ce silence assourdissant des premiers jours, à propos de Nafissatou Diallo, la victime présumée, serait le résultat d'un «*moment de flottement*», selon certains.

Point de flottement, en revanche, lorsqu'il s'agit de dénoncer le machisme sévissant en banlieue. Combien avons-nous dû supporter de documentaires et reportages sur la «cité du mâle[9]», cette zone de non-droit où les non-blancs seraient d'affreux sexistes assommés par la religion, la drogue et la haine des femmes? Faut-il comprendre que les mâles blancs des beaux quartiers sont d'une nature différente? Après l'étonnement affiché, les réactions ne se sont pas fait attendre: il y a une différence entre être un dragueur «lourd» et un violeur, a-t-on répété dans les médias. Le mâle blanc des beaux quartiers se contenterait-il habituellement de paroles? Eh bien non, visiblement. Et même si c'était le cas, serait-ce acceptable? Car entre s'approprier verbalement le corps d'autrui, en se permettant par exemple de jauger de la fermeté des fesses, ou en y mettant la main pour s'assurer de son jugement et en laissant cette main malgré les protestations d'une femme, il n'y pas un fossé mais une continuité. Et le fil conducteur n'est pas une affaire de «mentalités», comme on l'entend trop souvent, mais bien un rapport de domination… qui ne s'arrête ni à la porte de l'Assemblée, ni à celle du domicile, ni encore à celle des banlieues.

Pour certaines, l'idée semble visiblement difficile à admettre. Suite aux témoignages des députées dénonçant des agressions et comportements sexistes au sein de l'Assemblée nationale, Bérengère Poletti, qui est, rappelons-le, la

---

9. *La cité du mâle* est un documentaire diffusé par Arte le 29 septembre 2011. Voir Mona Chollet, «Sur Arte, un "féminisme" anti-immigrés», www.monde-diplomatique.fr/carnet/2010-10-01-Arte.

vice-présidente de la délégation de l'Assemblée nationale aux droits des femmes, a courageusement décidé quelques jours plus tard d'organiser un… «pot amical». Avec sa collègue la députée Valérie Boyer, Mme Poletti entendait ainsi dénoncer «*l'image dégradée que certains médias cherchent à donner des député·es à l'Assemblée nationale*» et affirmer aux journalistes conviés à cette charmante dînette que «*les femmes de l'Assemblée nationale qui portent des jupes [...] sont respectées!*[10]». Puisqu'elle vous le dit. Circulez, il n'y a rien à voir… chez nous. Mme Poletti préfère visiblement laver son linge sale en famille et répugne à mélanger les torchons et les serviettes. L'oppression des femmes, c'est les autres. On la retrouve par contre, déclarant avec indignation, lors de la discussion du projet de loi visant «*l'interdiction de la dissimulation du visage dans l'espace public*»: «*Ces femmes qui portent ce signe d'aliénation sur leur visage doivent être libérées, même si elles se disent consentantes. Comme l'a souligné Simone de Beauvoir, "le consentement des victimes ne légitime rien" car il n'est souvent qu'apparent, il est le fruit pervers d'un lavage de cerveau*[11].» On se demande à quelle température le cerveau de Mme Poletti a été lavé, pour que sa première réaction face à la dénonciation par des femmes du sexisme à l'Assemblée nationale, soit de défendre… les députés hommes. Voilà le résultat tragicomique d'une auto-hypnose réussie par la cheffe de file des «pas nous, pas nous», reconnaissable à sa légendaire tête fichée dans le sable.

Incrédulité ou embarras?

À écouter les hululements de la cohorte de femmes qui ne «rencontrent que des hommes merveilleux et doux» (à l'Assemblée nationale ou ailleurs), on peut se demander qui

10. Isabelle Germain, «Allons, allons, le sexisme n'existe pas!», *Les nouvelles news*, 3 juin 2011 (www.lesnouvellesnews).
11. Citation extraite du compte rendu intégral de la troisième séance du mardi 6 juillet 2010 à l'Assemblée nationale (13e législature, session extraordinaire de 2009-2010), à propos de la discussion du projet de loi sur «*l'interdiction de la dissimulation du visage dans l'espace public*» (www.assemblee-nationale.fr/13/cri/2009-2010-extra/20101010.asp).

donc est responsable des agressions sexistes et sexuelles en France. Qui sont ceux qui violent 75 000 femmes chaque année en France[12]? Et qui sont-elles, ces femmes agressées? D'où viennent-elles? Quels agresseurs a-t-on le droit de montrer? Desquels a-t-on le droit de parler? Pour quelles femmes, pour quelles violences doit-on user d'euphémismes? Car vous la connaissez, vous aussi, la femme de médecin qui est avec un « homme un peu autoritaire », la femme du député qui a déposé une main courante suite à une « dispute » avec son mari, vous savez, celle dont on ne parle qu'à voix basse! Vous la connaissez aussi l'universitaire qui a essayé de parler du harcèlement sexuel qu'elle a subi sur son lieu de travail! Celle dont on raconte qu'elle était « proche » de son directeur de thèse! Vous connaissez aussi l'histoire de l'amie de votre amie, celle qui a changé de travail, parce qu'elle « ne s'entendait pas avec son patron », « un peu trop pressant », répétez-vous. Et votre collègue qui a eu « des problèmes dans son adolescence » à cause d'un « ami de la famille »? Et vous, lorsque vous vous répétez : « Mais non, ce n'était qu'une plaisanterie de mauvais goût » ou « je ne vais pas faire un scandale, je l'éviterai dans les couloirs, c'est tout »?

Alors, lorsque cette affaire a éclaté, pourquoi cet étonnement? Pourquoi cette incrédulité? Était-ce de l'incrédulité ou de l'embarras? Cette « surprise » à l'annonce de cette « affaire » n'est malheureusement pas étonnante. Ces femmes « étonnées » ont préféré oublier qu'elles étaient toujours… des dominées. Elles ont voulu croire que l'« oppression des femmes » était derrière elles historiquement, géographiquement, socialement, et qu'il n'en restait que des petites traces, certes désagréables mais anecdotiques, minimes. Minimes ou minimisées? Petites ou étouffées? Anecdotiques ou invisibilisées? Combien de femmes politiques, de journalistes, de professeures d'université ont goûté au plaisir de se désolidariser des autres femmes, qu'elles désignent comme

---

12. Selon le rapport de l'Organisation mondiale contre la torture de novembre 2003, de 50 000 à 90 000 viols ont été commis en France en 1999.

des dominées avec lesquelles elles n'auraient plus rien en commun? Combien de petits bureaux à l'Université, de petits mandats ou de petits livres sur «les erreurs du féminisme» et son caractère «dépassé» a-t-il fallu pour qu'elles s'imprègnent du «*mythe de l'égalité déjà là*[13]»? Si peu. Mais il ne fallait pas grand-chose, et c'est humain. Qui a envie de vivre en pensant à cela? Qui n'a pas envie de se tenir éloigné de cela? Qui n'a pas envie de croire que ces horreurs, viols, violences, humiliations sont pour les autres, mais certainement pas pour nous? Comme l'écrivait Christine Delphy au début des années 1980: «*Il n'est pas facile, contrairement à ce que l'on croit, d'être et surtout de rester en colère. C'est un état douloureux; car rester en colère, c'est nous souvenir sans cesse de ce que nous voulons, de ce que nous devons oublier au moins par moments pour pouvoir survivre: que nous sommes, nous aussi, des humiliées et des offensées. Mais pour nous, intellectuelles, l'oublier, ne fût-ce qu'un instant, c'est abandonner le fil qui nous relie à notre classe de femmes, le garde-fou qui nous empêche de basculer du côté de l'institution, du côté de nos oppresseurs[14].*»

Avec l'«affaire DSK», il faut espérer que les réactions odieuses des hommes, de nos hommes, de ceux de notre classe, de ceux que nous croisons tous les jours à l'Université, dans les salles de rédaction, dans les couloirs de l'Assemblée, auront permis à certaines femmes de comprendre que rien n'avait changé: nous sommes toujours des femmes, des dominées, et cela malgré ce petit bureau, ce petit mandat, cette petite place dans la salle de rédaction. Il faut espérer qu'à la lumière crue d'un «*il n'y a pas mort d'homme*» ou d'un «*simple troussage de domestique*», nous entrevoyions ce que nous avions préféré oublier, depuis trop longtemps déjà.

---

13. Christine Delphy, «Retrouver l'élan du féminisme», in *Un universalisme si particulier. Féminisme et exception française (1980-2010),* Paris, Syllepse, Paris, 2010.
14. Christine Delphy, «Le patriarcat, le féminisme et leurs intellectuelles», in *Nouvelles Questions féministes,* n° 2, octobre 1981, repris dans Christine Delphy, *L'ennemi principal,* t. 2. *Penser le genre,* Paris, Syllepse, 2001.

Le sexisme ? Pas de ça chez nous ![1]

Rokhaya Diallo[2]

En juin 2011, Claude Guéant, ministre de l'intérieur, a refusé la nationalité française à un homme marié à une Française depuis quatre ans (condition qui aurait dû donner lieu à l'octroi de sa nationalité). Pourquoi ? Parce que Claude Guéant est très attaché à l'égalité femmes-hommes, bien sûr ! Jugeant que cet Algérien avait une « *conception dégradante* » de la place de la femme dans la société, allant à l'encontre des « *valeurs fondamentale*s » de la société française, parce qu'il empêchait notamment sa femme de sortir seule, de prendre la parole sans son autorisation ou encore de travailler, il lui a dit non. « Vous n'êtes pas digne d'être français Monsieur », a-t-il probablement pensé. Parce qu'en France, on respecte les femmes, c'est bien connu.

Un « féminisme » à deux vitesses

Depuis quelques années, la question des violences contre les femmes fait l'objet d'une attention toute particulière. De la dénonciation des « tournantes » à celle des « crimes d'honneur » attribués aux hommes d'origine étrangère en passant par la récente loi interdisant le port du voile intégral au nom de la « dignité des femmes », rarement la condition féminine a autant monopolisé le débat médiatique et politique. Mais c'est la condition de certaines femmes qui semble focaliser toutes les attentions.

Miraculeusement, les débats ayant précédé l'interdiction du port de la « burqa » dans l'espace public ont converti certains

---

1. Texte écrit le 12 juin 2011.
2. Militante, chroniqueuse à Canal + et RTL et auteure de *Racisme : mode d'emploi*, Paris, Larousse, 2011.

de nos représentants politiques au féminisme : au nom des droits des femmes, il est soudainement devenu urgent de sauver les « opprimées » du port du voile intégral.

Que certains de ces nouveaux défenseurs de la cause féminine (Jacques Myard, Lionel Luca ou Thierry Mariani entre autres) se soient par le passé opposés à la réforme de l'IVG et de la contraception, ne semble étonner personne. Ni le fait que ce féminisme à géométrie variable soit manifesté par des élus qui siègent sans états d'âme dans une Assemblée où trônent 82 % d'hommes.

Cet élan féministe national était-il en congé le dimanche 15 mai ? On est en droit de s'interroger ! Ce jour-là, c'est une France incrédule qui se réveille au son de *la* nouvelle : Dominique Strauss-Kahn jusqu'ici présenté comme le favori pour l'élection présidentielle est accusé de viol par la femme de chambre d'un grand hôtel new-yorkais. La France est sonnée : « *c'est impossible !* » entend-on de-ci de-là. Comment un homme si « important » pourrait-il se comporter de la sorte ?

Très rapidement c'est la crédibilité de Nafissatou Diallo, la femme de chambre, qui est attaquée : le président du FMI aurait pu avoir accès à tant de femmes, pourquoi se contenterait-il d'une pauvre femme de ménage ? Et « moche » qui plus est ! Car les premiers commentaires se sont attardés sur l'improbabilité de son agression au regard de son physique décrit comme peu attrayant. Et puis finalement non, Nafissatou Diallo serait en fait « *très belle* » et « *très grande* » (1,80 m tout de même !). Une bonne raison de la « trousser » ? Et c'est avec effarement que l'on découvre les unes de la presse américaine qui traite sans ménagement DSK, le qualifiant de « pervers », non sans l'avoir montré humilié, menottes aux poignets. Une telle chute semble inacceptable à une France habituée à manifester tant d'égards pour ses élites.

D'ailleurs, les premières réactions des « amis » de DSK ne se font pas attendre, laissant entrevoir le crédit qui aurait été donné à la parole d'une présumée victime, si de tels faits s'étaient déroulés en France.

Mus par une solidarité sans faille, les amis de l'agresseur présumé – politiques, intellectuels, journalistes… – se sont précipités aux micros des médias pour prendre sa défense : « c'est impensable ! », « ce n'est pas son style ! », leurs réactions attribuant implicitement le rôle de l'affabulatrice à la jeune femme de chambre.

Alors que Jean-Marie Le Guen assimile les allégations de Nafissatou Diallo à des « *hallucinations* », tous se montrent scandalisés par le traitement infligé à leur ami, dont témoignent les photos qui le montrent menotté, tête baissée. Ce n'est pourtant pas la première fois que les médias montrent de telles images : les images de sans papiers menottés avant d'embarquer dans leurs charters sont légion. A-t-on déjà entendu ces voix s'élever contre le traitement infamant qui leur est fait. Tout le monde n'a pas la chance d'avoir des amis si médiatiquement visibles. Des solidarités similaires s'étaient révélées au cours de l'affaire Polanski. Le ministre Frédéric Mitterrand avait excusé l'attitude du réalisateur par son statut artistique, tandis que le philosophe Alain Finkielkraut n'avait rien trouvé de mieux que d'expliquer que la fille violée par le cinéaste paraissait bien plus âgée que ses 13 ans ! La décence devient accessoire quand les intérêts des puissants sont en jeu.

DSK : un justiciable pas comme les autres

Revenons-en à DSK. Sitôt l'affaire rendue publique, Bernard-Henri Lévy, pourtant si prompt à défendre la veuve et l'orphelin à travers le monde déclarait : « *J'en veux au juge américain qui, en le livrant à la foule des chasseurs d'images, a fait semblant de penser qu'il était un justiciable comme les autres* », pendant que la journaliste Sylvie Pierre-Brossolette s'interrogeait dans les colonnes du *Point* : « *Quelle image donnons-nous au monde quand les télévisions de la planète entière montrent un prestigieux Français pénétrer dans le tribunal de New York, piteux, mal rasé et toujours menotté, pas mieux traité que les malfrats de couleur déférés avant et après lui devant le juge ?* » Les choses sont claires : que des « bronzés » soient maltraités devant les tribunaux, c'est dans l'ordre des choses, mais qu'un des «nôtres» subisse un traitement si dégradant, c'est intolérable!

Intolérance qui va de pair avec l'incrédulité quant à la possible culpabilité de DSK: «Pas de ça chez nous, le sexisme, c'est les autres!» Les vrais agresseurs sexuels, les méchants qui font trembler la ménagère de moins de 50 ans, sont ces «Arabes» et ces «Noirs», ceux qui peuplent les banlieues. Et la lecture des médias tend à alimenter la curieuse impression que les femmes «des quartiers» vivent dans un monde parallèle obéissant à des règles particulières et sont victimes du sexisme bien spécifique de «leurs» hommes, qui n'a bien évidemment aucun lien avec celui qui sévit dans le reste de la société. Impression renforcée par des actions telles que la «journée de la jupe» créée par l'association Ni putes ni soumises que sa présidente Sihem Habchi justifiait ainsi: *«Lorsque je suis en jupe, je remarque, oui, que les hommes me regardent. Lorsque je suis en jupe, je me sens femme, oui, aussi dans mon propre regard. Lorsque mes sœurs, à Vitry ou ailleurs, tentent d'en faire de même, elles se font traiter de putes. Elles bravent l'interdit en arborant trop de liberté et de féminité.»* Outre le fait que cette allégation colporte d'odieux poncifs sexistes (la valorisation du corps des femmes passerait nécessairement par le regard des hommes et la «féminité» se résumerait à son aspect le plus caricatural, à savoir le port d'une jupe), elle sous-tend l'idée que seules les femmes issues de certains quartiers pauvres subiraient le sexisme. L'«affaire DSK» a le mérite de démontrer que ce n'est pas le cas. Les problématiques vestimentaires ne concernent pas que ces «pauvres» femmes, puisque la ministre Chantal Jouanno a avoué qu'à force d'entendre des propos «déplacés» lorsqu'elle osait arborer une jupe à l'Assemblée nationale, elle avait fini par y renoncer.

Et l'affaire Tron, impliquant un ministre accusé de harcèlement sexuel, a mis la lumière sur un sexisme «d'en haut» largement toléré voire encouragé. À quand une action de Ni putes ni soumises au Parlement?

Un « donjuanisme » bien de chez nous

En France, les attitudes de séduction conquérante ne font pas l'objet de réprobation. Pire, les femmes qui s'en plaignent sont souvent accusées d'être des « chieuses », qui devraient être flattées, au lieu de râler. On critique volontiers, l'« américanisation » de la société, se traduisant par une montée du « puritanisme » et la « judiciarisation » des rapports sociaux, aux antipodes de notre belle culture française, si libérée et si romantique…

L'attirance que manifestent les hommes puissants à l'égard des femmes est souvent accueillie avec une grande mansuétude. Il semble tout à fait tolérable que ces hommes soient des « séducteurs », il y a même une certaine admiration pour le « donjuanisme » de ces « hommes à femmes ». Mais que met-on derrière le mot « séduction » ? Est-ce qu'on s'interroge sur la violence que subissent celles qui ne sont pas nécessairement « séduites » ?

Les voix des nombreuses femmes qui, à l'instar de la députée Aurélie Filippetti, se sont plaintes de la « *drague très lourde* » de Dominique Strauss-Kahn n'ont pas reçu beaucoup d'attention, si ce n'est quelques ricanements. Après tout n'étaient-elles pas condamnées à accepter d'être réduites à des objets ? Le pouvoir ne se conjugue-t-il pas nécessairement avec un droit de cuissage ?

Lorsqu'on évoquait ses « problèmes » dans son rapport aux femmes, DSK répondait : « *Oui j'aime les femmes et alors*[3] ? » Souvenons-nous que les signaux d'alarme activés par Jean Quatremer, le seul journaliste qui avait osé évoquer les penchants de DSK, avaient fait chou blanc. Et comble de l'absurde, c'est vers lui que se sont orientées les foudres de ses confrères, indignés par tant d'indélicatesse. La sexualité agressive de certains hommes, issus des cercles élitistes, apparaît souvent sous le jour sympathique, de « gauloiseries » bien de chez nous. Les riches hommes blancs peuvent « trousser » leurs domestiques noires, ça fait partie

---

3. *Liberation.fr,* 16 mai 2011 (www.liberation.fr/politiques/01012337606-oui-j-aime-les-femmes-et-alors).

du folklore. Mais pour les hommes non-blancs, prière de se tenir à carreau : ils se doivent de scrupuleusement respecter l'égalité entre les hommes et les femmes pour mériter d'être Français. Pendant que les médias, dénoncent à grand renfort de sensationnalisme, les pratiques d'« un autre âge » des cités populaires et relaient les cris d'orfraie poussés par nos politiques, dont l'énergie antisexiste semble vouée à lutter contre des morceaux de tissus, nos hommes politiques sont encouragés dans leurs pratiques sexistes, dont l'ampleur a longtemps été masquée par une trop grande indulgence.

Pourtant, la plupart des 75 000 viols qui ont lieu chaque année ne se déroulent pas dans les sombres caves des cités, les auteurs de violences sexistes ne sont pas plus nombreux parmi les bouchers polygames et autres « caïds » de banlieue que chez les élites politiques. La violence contre les femmes n'est ni l'apanage des pauvres de « banlieue », ni le fait de minorités culturelles. Les chiffres prouvent chaque année qu'elle a cours dans tous les milieux sociaux.

Comment notre pays aurait-il accueilli les allégations d'une femme de chambre immigrée si elle avait accusé un homme riche, puissant et présidentiable de l'avoir violée ? L'affaire n'aurait sans doute pas franchi les murs de l'hôtel, et si ça avait été le cas, je doute fort que les autorités aient donné du crédit à sa plainte… Si Dominique Strauss Kahn avait été un rappeur de banlieue nul doute que l'accueil de sa mise en accusation aurait été tout autre. À coup sûr, on lui aurait fait comprendre qu'il est indigne d'être français.

Une « affaire de jupons » : le traitement médiatique de l'affaire DSK de 2008[1]

Sylvie Tissot[2]

Au fur et à mesure que se fissure légèrement la chape de plomb qui a longtemps régné dans les médias sur les comportements violemment sexistes de Dominique Strauss-Kahn, anticipant sans doute aussi les enquêtes que mènera la justice étatsunienne, les journalistes français font retour vers le passé. Ainsi, ce n'est pas une affaire DSK, mais plusieurs qui font surface, et qui ont été, à différents degrés, étouffées, recadrées, niées. Revenir sur l'une d'entre elles − l'accusation de harcèlement sexuel à l'encontre d'une salariée du FMI qui a plané un moment sur son directeur − est instructif. Car, en 2008, ce sont des formes comparables de déni qui s'expriment. Prenons un simple exemple : l'article de *Libération* du 20 octobre 2008 intitulé « *L'avenir de DSK suspendu à un jupon*[3] ». « *En pleine tourmente financière,* [il] *est sur la sellette pour une affaire de jupons* » : c'est ainsi que commence l'article, qui est, du début jusqu'à la fin, un plaidoyer pour DSK. Rappelons les faits : le directeur du FMI est soupçonné de harcèlement sexuel à l'encontre d'une économiste employée dans l'organisation internationale, à qui il aurait, profitant de sa position, octroyé par la suite un certain nombre d'avantages. Une enquête est diligentée en interne, puis confiée à un cabinet d'avocats, qui conclut à la non-culpabilité de DSK, simplement accusé d'« *imprudence* ».

---

1. Article rédigé en juin 2011
2. Sociologue, membre du collectif Les mots sont importants.
3. Cet article est une version revue d'un article paru initialement sur le site *Les mots sont importants* (www.lmsi.net) en 2008.

En France, bien avant d'attendre un quelconque résultat de l'enquête, la défense s'organise rapidement, et dans le front uni qui se constitue, *Libération* se distingue. Rien de très surprenant. Souvenons-nous des articles du quotidien quand, il y a plusieurs années, une étudiante avait tenté (en vain) de porter plainte contre son directeur de thèse pour harcèlement sexuel. Que n'a-t-on pas entendu dans ce même journal sur la judiciarisation et l'américanisation de la société, la police des mœurs, et autres épouvantails, qui ont efficacement fait oublier les violences sexuelles subies par certaines étudiantes ? Le même refrain sera repris en 2010, toujours dans *Libération*, en pointe dans la défense des puissants quand ils sont accusés de violences sexuelles, à propos de Roman Polanski recherché par la justice américaine pour viol sur mineure.

Déni et euphémisation

À chaque fois, c'est le même déni. D'abord un déni de toute forme de domination à laquelle aurait pu se livrer DSK. Rien n'est dit explicitement, tout passe par l'euphémisation. Une affaire de «jupons», franchement, c'est tellement dérisoire, surtout au regard de la «tourmente financière». Quant à Dominique Strauss-Kahn, il est décrit comme un galant homme et un homme à femmes, un séducteur invétéré, coureur… de jupons justement, égaré au pays des corsets et du politiquement correct. Car bien sûr, au cas où on l'ignorerait, en France les femmes portent des jupons — et c'est tellement charmant ; aux États-Unis, elles ont sûrement des crinolines, voire des ceintures de chasteté, les pauvres…

La presse et la classe politique ont fait bloc, comme un seul homme si on peut dire, autour de DSK : même minimisation des faits qui lui sont reprochés, même opposition entre la France de la liberté sexuelle et l'Amérique puritaine, et même désintérêt total pour la victime potentielle. L'article de *Libération* est centré autour de la question de savoir, on croit rêver, si la carrière de DSK est mise en péril par cette affaire. Il se termine en évoquant des critiques suscitées au sein du FMI par l'enquête menée contre le Français. «*Des arrière-*

cuisines du FMI [qui] *ne sont pas reluisantes* », conclut la journaliste. Tandis qu'on fait remarquer, à grand renfort d'anti-américanisme et de clins d'œil entendus, que notre Asterix DSK, « *sur la sellette* », n'a quand même pas de comptes à rendre aux électeurs américains !

Dans les jours qui suivent, enfin, c'est le grand classique : cette accusation contre DSK n'est qu'une « *campagne de déstabilisation* » (un article paru dans *Libération* le 22 octobre dénonce le « *petit air de campagne déstabilisante* »). Et déjà le 17 octobre 2008 sous la plume de Daniel Schneidermann qui parle de « *chasse à l'homme* », Dominique Strauss-Kahn était définitivement devenu une victime.

La fausse opposition du privé et du public

À l'opposition totalement fantasmée entre une France pays de la liberté et du libertinage et une Amérique prisonnière de son puritanisme, s'en ajoute une autre, qui vient sortir les journalistes de cette embarrassante situation : que dire ? Ou plutôt comment *ne pas* dire, comment fermer les yeux sur les agissements, connus de tous, d'un homme dont les liens avec le champ médiatique sont si étroits ? Comment se dédouaner d'un simple devoir d'information quand les premières pages sur les violences des jeunes de banlieue et le sexisme des musulmans se multiplient ?

Pour faire tenir ces deux poids deux mesures, on invoque rituellement, dans les cas problématiques de violences émanant de l'élite blanche masculine, la défense de la fameuse « sphère privée », ce monde mystérieux qui échapperait à toute question de justice, de dignité et d'égalité, et dont la « défense » figurerait parmi les principes déontologiques du journalisme. Quelle étrange conception d'un principe quasiment érigé en règle de droit, en contradiction avec l'idée même de justice, qui vient précisément se préoccuper du privé quand des violences y sont commises.

On notera qu'en 2008, cette invocation magique du « privé » — autant que l'est aujourd'hui celle de la « présomption d'innocence » — n'est pas limitée aux médias dominants. Il semble, à lire la presse alternative, que les esprits supposément contestataires ne sont pas forcément moins franchouillards en la matière. Déjà en 2008, on entendait certains, à la gauche du PS, estimer peu opportun de s'intéresser à des «frasques sexuelles» alors qu'on aurait bien mieux à faire en dénonçant le ralliement aux dogmes néolibéraux ou encore le soutien infaillible de Dominique Strauss-Kahn à Israël. Le public des questions politiques légitimes contre le privé des violences sexuelles invisibilisées.

Une « *rencontre d'un soir* » : *Libération* se rue sur cette expression d'Anne Sinclair, la femme de DSK, réduisant l'affaire à un égarement momentané, sur laquelle le couple aurait «*tourné la page*». Certes. Mais ce silence pudique, auquel la presse se serait comme contrainte au nom du respect de la vie privée, révèle une étrange dissymétrie dans le traitement des personnes concernées. Curieusement, au sujet de la femme économiste, le quotidien se contente de citer « *un proche de l'ancien ministre de l'économie* » (objectivité garantie !), qui explique qu'«*il n'y a pas de plainte de la part de cette personne, qui n'a pas nié son consentement. Et son avocat fait valoir qu'elle n'a subi aucune pression et qu'elle n'a bénéficié d'aucun avantage*».

La lettre de l'économiste, rendue publique peu après, est évoquée par *Libération* le 19 février 2009 avec moult pincettes : c'est une «*étrange lettre*», une «*supposée missive*». Seul Jean Quatremer sur son blog de *Libération* la prend au sérieux le 23 février 2009. Cette lettre, adressée au cabinet d'avocats chargé de l'enquête, dit pourtant des choses intéressantes. Celle que *Libération* appelle « *sa maîtresse* » s'y dit «*préoccupée par le caractère incomplet et imprécis de la version que donne à lire la presse*». Et de poursuivre de façon tout à fait explicite quant à l'abus de pouvoir du directeur du FMI : «*Il est incontestable, à mon avis, que M. Strauss-Kahn ait usé de sa position pour avoir accès à moi.*» Pour conclure : «*Je crains que cet homme ait un problème pouvant le rendre peu adapté à la direction d'une institution où des femmes travaillent sous ses ordres.*» Pour *Libération,* pourtant, cette femme n'aura cessé d'être ravalée au rang de «jupon».

Ce type de traitement médiatique reste présent aujourd'hui ; les articles de ce livre consacrés aux réactions de ces derniers mois le montrent. Pourtant — c'est la nouveauté, et l'existence même de ce livre en témoigne —, il est aujourd'hui contesté. Les propos de l'élite masculine et blanche, médiatico-politique, qui s'est exprimée bruyamment peinent à passer pour un discours universaliste. Si Mona Ozouf & co persistent à défendre un soi-disant « féminisme français » faisant la part belle à la galanterie, au libertinage et autres impostures, leur position apparaît bien marginale. Car c'est au nom de l'égalité, du consentement et de l'émancipation des femmes que les féministes prennent aujourd'hui la parole. À elles, à nous, d'inventer un autre discours sur la violence et la justice, mais aussi sur la sexualité, en renvoyant vers l'obscurantisme la défense d'une élite corrompue, et en faisant passer du côté de la modernité le recours au droit et l'exigence de justice.

Ce qu'Anne Sinclair fait au féminisme[1]

Sophie Courval[2]

À la suite de l'inculpation du directeur du FMI pour tentative de viol sur Nafissatou Diallo, femme de chambre au Sofitel de New York, les réactions des élites médiatico-politiques françaises – réclamant la main sur le cœur le droit à la présomption d'innocence pour l'ancien ministre des finances tout en mettant en doute, sans plus de scrupules, la parole de la plaignante – ont révélé tout à la fois la persistance et l'ampleur des réflexes de classe, du racisme et du sexisme en France. Il est cependant une autre dimension, tout aussi sexiste, dans le traitement médiatique de cette affaire qui semble pourtant être passé totalement inaperçue, à savoir la prégnance de la figure de l'épouse idéale incarnée par Anne Sinclair. Qu'on ne s'y trompe pas, il ne s'agit pas ici de commenter les choix de cette femme en tant que tels, mais de pointer du doigt l'insistance avec laquelle médias dominants et élites politiques nous imposent, à travers leur propre narration, cette figure de l'épouse dévouée comme modèle de la femme parfaite… jusqu'à la nausée.

Sur ce point, la presse dominante est unanime : Anne Sinclair est une femme formidable. Depuis le 15 mai dernier, les médias ne tarissent plus d'éloges sur cette « *icône* » du petit écran, célébrant son « *courage dans l'épreuve* », « *sa dignité* », « *son soutien sans faille à son mari* ». On ne compte plus le nombre de journaux faisant leur une sur « *la tragédie d'Anne Sinclair* » (*Elle*, 20 mai), la décrivant comme une femme « *combative et effondrée* » (*Le Monde*, 18 mai),

---

1. Texte rédigé en juin 2011.
2. Journaliste.

« *humiliée mais droite face à l'épreuve* », « *un brave petit sol-
dat toujours aux côtés de ce mari tombé de ce piédestal* »,
voire carrément comme « *une figure de tragédie marchant
vers son destin. Prête à l'assumer, à le défier* » (*Le Figaro*,
11 juin). De leur côté, les illustres ami·es de la « *star* » ajoutent
leur pierre à l'édifice de l'« épouse idéale ». Dans l'émission
Complément d'enquête diffusée sur France 2, le 6 juin dernier, Laure Adler évoque une « *guerrière amoureuse* » tandis
que le comédien Pierre Arditi parle « *d'une femme qui se
conduit honnêtement en ce moment, pratiquement comme
une héroïne grecque* ». Également invité sur le plateau de
l'émission, Yvan Levaï, journaliste et ex-époux d'Anne Sinclair,
mobilise le même registre : « *Anne c'est une Antigone.* [...]
Une femme de la résistance en temps de paix [...] *une femme
qui pardonne.* » Parce que, n'est-ce pas, « *les hommes sont
les hommes* ». Quelques jours plus tôt, toujours sur France
2 dans une autre émission spéciale consacrée à l'« affaire
DSK », Robert Badinter se fendait lui aussi d'une diatribe sur
« *la femme admirable* » ajoutant que Dominique « *avait bien
de la chance d'avoir une épouse comme cela* ».

Un alibi féministe

Dans un article du *Figaro* daté du 11 juin dernier et intitulé
« Le mystère Anne Sinclair », un journaliste se demande :
« *Comment celle qui a été une icône des années 1980, l'une
de ces femmes jusqu'au bout des seins que chantait Michel
Sardou, de ces femmes qui voulaient tout − l'amour, la
réussite professionnelle, les enfants − peut-elle soutenir un
homme suspecté d'avoir violenté une femme ?* » Et d'y répondre quelques lignes plus bas : « *Au nom de l'amour.* » Certes,
« *il avait coutume de déshabiller les autres femmes du regard,
mais elle, il ne la regardait pas comme les autres femmes.*
[...] *Elle demeure La femme vers qui il revient toujours, celle
qui console et qui encourage* ». Anne Sinclair incarne donc à
la fois la figure archétypale de la prétendue émancipation des
femmes, les valeurs les plus archaïques de la femme bourgeoise, et l'épouse-mère. Et c'est justement cette incarnation
de la femme émancipée qui rend possible la confiscation de

son image au profit d'une construction narrative de l'épouse parfaite. Son passé de «femme moderne» servant d'alibi à cette réhabilitation médiatique de l'épouse dévouée. C'est parce qu'elle a fait un pas de côté qu'elle peut revenir à des valeurs traditionnelles sans pour autant être soupçonnée de «soumission». Tous les portraits qui lui sont consacrés depuis l'«affaire DSK» soulignent la place singulière qu'elle occupait en tant qu'intervieweuse politique dans l'univers télévisuel des années 1980 : une femme pionnière qui réussit dans un milieu traditionnellement réservé aux hommes.

Dans la presse, dans les interviews de ses proches, elle est décrite comme «*humaniste et féministe*» (*Paris Match*, 26 mai), «*proche de la cause des femmes*». On a même pu voir dans un document diffusé dans l'émission de Benoît Duquesne, *Complément d'enquête*, des extraits de son premier reportage consacré à la misogynie du monde audiovisuel. Anne Sinclair est donc perçue comme «*une femme libre*», ayant délibérément renoncé à sa carrière «par amour», et qui, toujours «par amour», a choisi de soutenir son mari «*envers et contre tout*» (*JDD*, 17 mai). Même ses détracteurs d'hier, qui la suspectaient d'être dévorée par l'ambition, lui reprochant de se rêver trop ostensiblement en première dame de France, ont aujourd'hui opéré un revirement radical et rallié cette version de l'histoire. Et tant pis pour celles et ceux qui seraient tentés de lire entre les lignes une réhabilitation, par la bande, d'un modèle archaïque du rôle de l'épouse. Anne Sinclair est une femme riche, donc indépendante. Une femme «*bien éduquée dans un milieu très cultivé*», avec «*une belle intelligence, solide et claire*[3]». On est très loin du stéréotype de la femme soumise, généralement représentée dans les médias et par certaines féministes sous les traits d'une femme pauvre, arabe, analphabète et voilée! Rien à voir donc avec celle qui fut choisie en 1991 comme modèle pour incarner Marianne.

Pourtant, à y regarder de plus près, il devient évident que tout cela n'est qu'un faux-semblant. Aujourd'hui comme hier,

---

3. Alain Duhamel, *Complément d'enquête*, France 2, 6 juin 2011.

cette figure emblématique de la réussite au féminin n'est en fait qu'un alibi destiné à masquer une réalité bien moins reluisante, les hommes occupant toujours majoritairement les postes clés à la télévision comme ailleurs. Et, sans remettre en cause ses compétences, ce serait faire fi des déterminismes sociaux — de classe, de race mais aussi de genre — de balayer d'un revers de main le poids de l'origine sociale de l'ex-star de TF1, et de son solide réseau, dans cette réussite « exceptionnelle ». Le personnage d'Anne Sinclair, figure optimiste de la représentation des femmes dans la sphère professionnelle, a surtout servi d'emblème à un certain type de féminisme, résolument procapitaliste et principalement axé sur l'accès des femmes aux postes à responsabilité. Un féminisme somme toute très rassurant, sans dilution des valeurs dites traditionnellement féminines, sans remise en cause des stéréotypes de sexe et des valeurs bourgeoises. Il n'y a donc pas réellement de reniement dans le parcours d'Anne Sinclair.

Le triomphe du couple bourgeois

Et si aujourd'hui, la classe dirigeante, politique et médiatique, fige l'image d'Anne Sinclair comme celle de l'épouse idéale — ce qu'elle n'est peut-être pas —, c'est sans doute parce que ce modèle vient conforter les identités sexuées et les rapports de genre. Autrement dit, asseoir la domination masculine, restaurer le modèle patriarcal. C'est le triomphe du couple hétérosexuel et de la famille dans une sorte de version dépoussiérée du couple bourgeois du 19e siècle.

Comme les bourgeoises de cette époque, Anne Sinclair ne travaille pas. Ne travaille plus. Devenue une épouse à plein-temps, elle déclarait dans une interview accordée au *Monde* en 2006 à propos de son nouveau rôle auprès de son mari : « *C'est son combat, c'est sa vie, donc je l'accompagne.* »

Elle est aussi celle qui comprend que « *les hommes sont les hommes* », celle qui pardonne. Si l'infidélité n'est pas en soi un symptôme de la domination masculine, la version de l'histoire, telle qu'elle nous est contée dans la presse, s'apparente davantage au modèle du couple traditionnel, qu'à celui du couple libre. Anne Sinclair y apparaît sous les traits d'une « *héroïne grecque* », d'« *une Antigone* », d'une femme fidèle et loyale, « *qui confrontée à l'adultère a tenu bon* » (*Gala, 9 juin*). Et cette figure de la femme vertueuse ainsi mobilisée dans les médias rappelle étrangement celle des bourgeoises du 19e siècle : « *L'image de "la femme vertueuse", qui est l'image dominante de la femme au sein de la bourgeoisie, justifie que l'adultère se développe. Il est "normal" d'avoir une maîtresse ; "une liaison mondaine peut même susciter quelques échos appréciateurs". Le ménage à trois fonctionne ici "avec une efficacité bourgeoise" : il permet en effet "de calmer les sens", de jouir dans le confort d'une volupté que vient pimenter le secret, il évite de compromettre sa santé et sa réputation* [4]. » La promotion d'un tel modèle, d'une telle répartition des rôles, suppose d'entériner les stéréotypes de sexes validant le désir sexuel masculin comme étant physiologique, impérieux, irrépressible, en opposition au désir féminin qui, lui, relèverait davantage du registre émotionnel.

Or, ce sont les mêmes stéréotypes qui affleurent dans les propos des partisans de DSK lorsqu'ils s'emploient à minimiser les faits voire à banaliser les faits qui lui sont reprochés. Et c'est ainsi que la figure de l'épouse modèle – pilier du couple bourgeois et garante des stéréotypes de sexe – entre en résonance avec le fameux « *troussage de domestique* » de Jean-François Khan. On imagine mal, par ailleurs, comment, avec une telle grille de lecture, une femme de chambre, pauvre, noire, et qui plus est mère célibataire, puisse se confondre avec l'image d'une femme vertueuse. La figure de l'épouse idéale éclipsant d'ailleurs totalement celle de Nafissatou Diallo tant il est clair pour les médias et une partie de la classe politique française que la femme victime de l'« affaire DSK » c'est d'abord Anne Sinclair.

La maman et la putain

Mais il existe un antécédent à la figure de la femme bourgeoise dans le schéma de l'épouse modèle : la femme

---

4. Florence Vatin, « Évolution historique d'une pratique : le passage de l'adultère à l'infidélité », *Sociétés,* n° 84, 2/2004, p. 33-40.

consolatrice de la religion chrétienne. Et cette « *femme qui console* », cette épouse-mère prend corps dans la figure chrétienne de la Vierge Marie. « *Il ne la regardait pas comme les autres femmes.* [...] *Elle demeure La femme vers qui il revient toujours.* » Comme Marie, elle fait partie de l'autre côté de son fils — le messie Strauss-Kahn —, elle partage sa douleur. Et nous aussi. Car depuis le début de l'affaire, difficile d'échapper à l'empathie médiatique qui élève Anne Sinclair au rang de *Mater Dolorosa* du 21e siècle : « *Cette femme meurtrie* », « *dévastée* », mais néanmoins « *prête à se sacrifier* ». La mère qui console, la mère qui souffre, mais aussi la mère qui éduque, « *elle va le dégrossir, lui faire sa formation* », et enfin la mère qui protège : « *Elle le défend comme une chatte défend ses petits* » (*Le Figaro*, 11 juin). Dans cette construction narrative, la figure de la mère constitue donc l'autre versant du modèle de l'épouse idéale validant la vieille hypothèse selon laquelle dans chaque mère se cache une épouse légitime, et dans chaque épouse légitime se cache une mère. C'est sur cette figure chrétienne de la Vierge Marie, la mère universelle, que se construit le modèle du couple bourgeois. Au fond, c'est toujours le schéma résolument essentialiste — en ce sens qu'il attribue aux femmes un rôle sur la base d'une fonction biologique — qui fait encore aujourd'hui figure d'exemple.

Mais comme le dit un vieux slogan féministe : « *La femme est au-dessus du niveau de la mère* », n'en déplaise aux apparatchiks de la classe politique et médiatique, ambassadeurs d'un féminisme de bon ton, qui souhaiteraient, à l'instar d'Yvan Levaï, nous voir endosser sans broncher le rôle de l'épouse modèle : « *Je souhaite qu'il y ait en France beaucoup de femmes comme elle[5].* » On ne saurait trop lui conseiller, au risque de le faire déchanter, d'aller faire un tour sur internet dans les forums de discussions, il pourra se rendre compte que son projet pour les femmes est loin de faire l'unanimité. Nous ne serons pas toutes des « Anne Sinclair » !

---

5. *Complément d'enquête*, France 2, 6 juin 2011

L'affaire Strauss-Kahn, une avancée pour la cause féministe[1] ?

Joan W. Scott[2]

Dans les débats provoqués par l'«affaire DSK», celles et ceux qui ont pris le parti de ce dernier ont insisté (une fois de plus) sur le fait que les Américains confondaient les charmes de la séduction et la violence du viol. Bernard-Henri Lévy, par exemple, a dit de Strauss-Kahn qu'il était «*un séducteur, un charmeur*», pas un «*violeur*». Parmi les spéculations sur le déroulement exact des faits eux-mêmes, le doute a été jeté sur la véracité du témoignage de la femme qui s'est déclarée être la victime : l'a-t-on payée pour qu'elle porte plainte ? A-t-elle mal interprété — il s'agit après tout d'une musulmane — les signaux qui montraient la vraie nature du manège ? Ou après y avoir consenti a-t-elle changé d'avis ? Certains commentaires émis par la défense suggèrent que Strauss-Kahn plaidera le caractère consensuel de la relation sexuelle : pour des raisons que nous ignorons, cette femme aurait changé d'avis et ensuite menti sur ce qui s'était réellement produit. Dans cet ordre d'idées, Irène Théry s'est inquiétée de ce que la parole de la victime compterait davantage que la présomption d'innocence de l'accusé. «*Mais sommes-nous prêts, dans la*

1. Article publié le 16 juin 2011 dans *Libération*. Traduit de l'anglais par Claude Servan-Schreiber.
2. Historienne, professeure de science sociale à l'Institute for Advanced Study (États-Unis). Certains de ses livres ont été traduits en français : *La citoyenne paradoxale : les féministes françaises et les droits de l'homme* (Albin Michel, 1996) ; *Parité ! L'universel et la différence des sexes* (Albin Michel, 2005) ; *Théorie critique de l'histoire : identités, expériences, politiques* (Fayard, 2009). *Genre : une catégorie utile d'analyse historique* (à paraître, Fayard, 2012).

culture politique française, à considérer la présomption de la véracité comme un véritable droit? »

Le souci que manifeste Irène Théry pour le respect des droits de l'accusé va au-delà de sa sollicitude pour un personnage politique puissant, au-delà aussi de sa méfiance à peine voilée concernant les motifs d'une femme immigrée, de couleur, issue de la classe ouvrière. Elle a également voulu défendre l'idée que la séduction tient une place particulière dans la culture française; pour elle, il s'agit d'un aspect unique et singulier de l'identité nationale française, une des caractéristiques de sa version du «féminisme à la française».

« *Il* [ce féminisme] *est fait d'une certaine façon de vivre et pas seulement de penser, qui refuse les impasses du politiquement correct, veut les droits égaux des sexes et les plaisirs asymétriques de la séduction, le respect absolu du consentement et la surprise délicieuse des baisers volés.* » Ce n'est pas là un féminisme dans lequel toutes les féministes françaises se reconnaîtront. (Les fondatrices du Mouvement pour la parité, les militantes du groupe La Barbe, les femmes politiques qui ont rendu compte de leurs démêlés dans *Libération* du 31 mai, et beaucoup d'autres.) On pourrait trouver que l'idée de l'égalité des droits infirme la notion de « *plaisirs asymétriques de la séduction* », d'autres pourraient déceler une contradiction entre le consentement et « *la surprise des baisers volés* ». Beaucoup, même, verront dans la définition qu'en donne Irène Théry une caractérisation fausse du féminisme quelle que soit la forme de celui-ci, puisque celles et ceux qui ont formulé ce que j'appelle « *la théorie française de la séduction* » ont clairement posé que le « *consentement amoureux* » et le jeu de la séduction se fondent, en soi, sur l'*in*égalité des femmes et des hommes.

Depuis le bicentenaire de la Révolution française en 1989, on a beaucoup écrit sur « *l'art de la séduction* » des Français. Avec des origines remontant aux pratiques aristocratiques de l'époque de la monarchie absolue et de Louis XIV, l'idée de ce que Philippe Raynaud appelle une « *forme particulière d'égalité* » s'est transmise de génération en génération pour

devenir une composante importante du caractère national[3].
Ce point de vue, que développent (entre autres) les écrits de
Mona Ozouf (*Les mots des femmes : essai sur la singularité
française*) et ceux de Claude Habib (*Le consentement amoureux* et *Galanterie française*), avance que la sujétion des femmes au désir des hommes est la source de leur influence et
de leur pouvoir. Habib cite le livre d'Honoré d'Urfé, *L'Astrée,*
pour écrire, en approuvant son propos : « *Non seulement la
soumission totale est un bien, mais c'est presque une condition de l'amour féminin.* » Elle ajoute que la quête de l'égalité
des droits individuels pour les femmes a conduit à la « *bruta-
lisation des mœurs* ». Mona Ozouf estime avec satisfaction
qu'en France (contrairement aux États-Unis), « *les différences
sont* […] *dans un rapport de subordination – et non d'opposition – à l'égalité* ». Elle note également (citant Montesquieu)
que les mœurs ont bien plus d'importance que les lois. Ceci,
écrit-elle, a permis aux femmes de comprendre, à travers les
âges, « *l'inanité de l'égalité juridique et politique* » qu'il faut
comparer à l'influence et au plaisir qu'elles tirent du jeu de
la séduction. Pour les deux intellectuelles, un féminisme qui
réclame l'égalité des droits s'apparente au lesbianisme, une
déviation par rapport à l'ordre naturel des choses[4].

Il s'agit là d'une idéologie qu'on pourrait qualifier de répu-
blicanisme aristocratique, dont les implications dépassent
largement les relations entre les sexes. Elle suggère que
les différences doivent être comprises de façon hiérarchique
(le féminin par rapport au masculin), que les efforts visant à
instaurer l'égalité juridique sont non seulement stériles (puisque les différences – comme la différence des sexes – font
partie de l'« ordre naturel des choses ») mais qu'ils sont également cause de perturbations. Le « consentement amoureux » implique la soumission à son supérieur dans l'intérêt
de l'harmonie nationale. La vision politique que porte, selon
Mona Ozouf, le langage de la séduction est celle-ci : « *La
menace que faisaient peser les réelles différences répandues*

---

3. *Le Débat,* n° 57, p. 182.
4. Voir la critique du livre de Claude Habib, *La galanterie française,* dans *Le
Nouvel Observateur* du 26 novembre 1998.

sur le territoire français n'a été si aisément vaincue que parce que l'enracinement affectif se soumettait à la certitude d'une essence commune à tous les Français [...]. Tous pouvaient du même coup cultiver des différences locales, en sentir le charme, le prix, en avoir la coquetterie ou même l'orgueil, mais sans esprit de dissidence : différences sans anxiété et sans agressivité, contenues dans l'unité abstraite, et d'avance consentant à lui être subordonnée. »

Dans ces conditions, il n'est pas étonnant que le cas de DSK ait autant troublé les partisans d'une idéologie dans laquelle la séduction tient une place aussi déterminante. Car il ne s'agit pas seulement de la sexualité ou de la vie privée, ni même de ce qui compte en matière de consentement ; il ne s'agit pas seulement du droit des hommes et de la soumission des femmes. Ce qui se joue dans cette affaire est la question de savoir comment la différence et l'égalité sont appréhendées dans le contexte de l'identité nationale française.

Hommes/femmes : des rapports opposés entre les États-Unis et la France[1]

Claire Levenson[2]

Ah l'Amérique puritaine, le fameux pays où vous allez au tribunal si vous faites un compliment sur la jupe de votre collègue ! La caricature a été répétée aux premiers instants de l'« affaire DSK », un réflexe culturel qui est rapidement remonté a la surface. « *Dans l'Amérique puritaine, on tolère infiniment mieux les jeux d'argent que les plaisirs de la chair*», écrivait le conseiller général PS Gilles Savary, tandis qu'un blog de *Rue89* renchérissait : « *Espérons que, après cette affaire DSK, le puritanisme américain et leurs méthodes de traque sexuelle des élus ne viennent pas contaminer la France.* »

Il ne s'agit pas de dire qu'une certaine culture française de glorification du grand séducteur est responsable de l'agression sexuelle présumée du Sofitel. Mais il est intéressant de voir comment les réactions des deux côtés de l'Atlantique ont révélé des seuils de tolérance au sexisme assez différents.

Le harcèlement sexuel à l'américaine, une discrimination

À entendre certains commentaires sur le « puritanisme » américain, on a l'impression que les lois contre le harcèlement sexuel ont été inventées par des pasteurs rigoristes qui diabolisent le sexe. Pourtant, aux États-Unis, les principaux opposants au féminisme sont justement les conservateurs religieux qui se fondent sur la Bible pour soutenir l'inégalité « traditionnelle » entre les sexes.

---

1. Article paru sur *www.slate.fr*, le 1er juin 2011.
2. Journaliste à New York.

Les lois contre le harcèlement sexuel au travail sont considérées comme des outils de lutte contre les discriminations, et elles ont été initialement introduites dans le fameux Civil Rights Act de 1964. On distingue deux types de harcèlement sexuel aux États-Unis : lorsqu'un supérieur vous pénalise si vous refusez ses avances sexuelles (et autres abus de pouvoir), ou lorsque des comportements à caractère sexuel de la part d'autres employés créent un environnement de travail hostile et dégradant.

Dans ces procès, les plaignantes décrivent souvent un quotidien fait d'insultes et de coups de téléphone obscènes, d'envoi de photos pornographiques ou d'attouchements. Pour qu'il y ait harcèlement, il faut que la plaignante ait fait savoir qu'elle voulait que ces actions s'arrêtent. Sinon, il ne s'agirait que de petits jeux consensuels entre collègues.

L'étroite définition du harcèlement sexuel à la française

Le Code du travail et le Code pénal français ont une définition plus étroite du harcèlement sexuel, expliqué comme « *le fait de harceler autrui dans le but d'obtenir des faveurs de nature sexuelle* ». Selon la juriste Catherine Le Magueresse, ancienne présidente de l'Association européenne contre les violences faites aux femmes (AVFT), il est plus difficile de mettre en cause la responsabilité de l'employeur en France, car « *les conseillers prud'hommes sont peu formés à la recherche de la preuve dans ce domaine, et dubitatifs face à la réalité dénoncée par la salariée* ».

L'avocate Claudia Canini précise que de plus en plus, les juridictions prud'homales condamnent sur le fondement de l'obligation de santé de l'employeur, qui est responsable de la santé mentale ou physique de ses salariés.

Des condamnations plus faibles en France

Aux États-Unis, les employeurs qui auraient laissé passer des comportements de harcèlement et laissé s'installer un « *environnement hostile* » doivent parfois payer des dommages compensatoires très élevés. Pour échapper à cette lourde dépense, les directeurs des ressources humaines encouragent les employés à rapidement faire part des comportements qui pourraient poser problème.

En France, ce mécanisme de dissuasion joue moins fortement, et les condamnations sont plus faibles. Par exemple, au pénal, un chef d'entreprise qui avait exercé une pression quasi quotidienne pour avoir des relations sexuelles avec une employée, avec attouchements répétés, a été condamné à une peine de quatre mois de prison avec sursis et 1 000 euros d'amende. De même, les employeurs jugés responsables payent des montants moins élevés : une dizaine de milliers d'euros en France pour un cas de harcèlement sexuel avec attouchements et violences ; aux États-Unis, les compensations atteignent rapidement les centaines de milliers d'euros.

Depuis que la directive européenne a été transposée en mai 2008, coexiste une autre définition du harcèlement sexuel comme discrimination, plus proche de la loi américaine, mais cet article de la loi n'a donné lieu à aucune jurisprudence.

Face aux accusations de puritanisme, les juristes américains répliquent qu'avant tout, l'idée de ces lois « *est que les femmes doivent obtenir du pouvoir au travail, non pas en jouant sur leur sexualité, mais grâce à leur capacité à bien faire leur travail* », explique Katherine Franke, professeure de droit à l'université de Columbia.

La drague au bureau n'a d'ailleurs pas été éradiquée (et ce n'est pas le but). Selon un sondage publié sur CNN en 2004, 47 % des personnes interviewées avaient déjà couché avec un collègue.

Deux définitions du sexisme et du féminisme

Au-delà du droit, un éventail plus large de comportements est considéré comme sexiste par l'opinion publique et les médias américains. La différence est notamment due à la plus grande influence des féministes dans le milieu universitaire et juridique. Pour de nombreuses Américaines, le fameux *homme qui aime un peu trop les femmes*, c'est plutôt un homme qui ne les respecte pas.

L'attitude française, elle, est en partie liée à une tradition intellectuelle qu'a examinée l'historienne de Princeton Joan Scott. Celle-ci soulignait récemment dans le *New York Times* que pour certains historiens et sociologues français, l'« *alternative à l'égalité entre les sexes est l'acceptation d'un jeu des différences érotisé* ». L'idée est que la femme acquiert du pouvoir en étant désirée par les hommes, et que grâce à cela elle parvient à rééquilibrer le rapport de forces. Scott ajoute que pour ces intellectuels (elle cite Claude Habib, Mona Ozouf et Philippe Raynaud), le féminisme est vu comme « *un apport étranger* », en décalage avec les mœurs françaises.

Le modèle défendu est celui d'une « galanterie française », à distinguer du combat égalitaire des féministes américaines, accusées de forcer les femmes à nier leur féminité.

Pour ce courant, il s'agit d'opposer le « *commerce heureux entre les sexes* » (Mona Ozouf) à la judiciarisation excessive des rapports aux États-Unis. Ce discours de l'exception française a d'ailleurs été « *construit en réaction contre la politisation des questions sexuelles aux États-Unis à partir de la fin des années 1980* », souligne le sociologue Éric Fassin.

Les rapports homme/femme « à la française »

Dans plusieurs interviews tirées de *La Séduction. How the French play the Game of Life*[3], le nouveau livre d'Elaine Sciolino, journaliste au *New York Times,* on entend des discours qui font écho à cette conception des rapports homme/femme « à la française ». Une chef d'entreprise interrogée explique ainsi que les femmes utilisent la séduction « *comme une arme pour se défendre contre le machisme des hommes* ».

Beaucoup critiquent la vie de bureau dite à l'américaine, « *le travail sans séduction, quel ennui!* ». Peu semblent s'inquiéter du fait que trop de flirt pourrait créer le risque de ne pas être prise au sérieux. Les Français ont tendance à glorifier le jeu de séduction, là où beaucoup d'Américains y verraient un risque de dynamiques d'objectification ou d'abus de pouvoir.

---

3. Elaine Sciolino, *La Séduction. How the French play the Game of Life,* New York, Times Book, 2011.

De même, de nombreuses femmes interviewées dans le livre n'étaient pas gênées par les remarques que les hommes se permettent de faire en public sur leur physique. À Paris, plus qu'à New York, les femmes sont sujettes à des sifflements et petites remarques, voire à des mains baladeuses.

Une journaliste anglaise écrivait récemment dans *The Telegraph* qu'elle s'était vite lassée des messieurs qui la complimentaient sur son anatomie. [...]

Une des pépites du livre de Sciolino est une interview avec Valéry Giscard d'Estaing à l'issue de laquelle l'ancien président touche brièvement les fesses de l'assistante de la journaliste. Deux fois.

Le discours de l'exception française

Plusieurs fois avant le scandale du Sofitel, le discours de l'exception française avait été utilisé par des journalistes françaises qui tentaient d'expliquer aux «Anglo-Saxons» pourquoi les problèmes de Dominique Strauss-Kahn avec les femmes n'influeraient pas sur l'élection présidentielle de 2012.

Dans un article de *The Guardian*, une journaliste citait, entre autres, les accusations de violence de Tristane Banon, mais insistait avec fierté sur le fait que les femmes françaises ne s'arrêteraient pas à cette réputation de «queutard». Certes, poursuivait l'article, Dominique Strauss-Kahn ne serait «*pas le favori des féministes*», mais les autres femmes ne lui en tiendraient pas rigueur. L'idée sous-jacente est que les femmes françaises font preuve de plus de force et de maturité en tolérant certains comportements sexistes.

De même, suite à la liaison de Dominique Strauss-Kahn avec une collègue du FMI en 2008, une autre journaliste française expliquait (toujours dans *The Guardian)* que «*l'économiste hongroise était probablement mal préparée, car elle n'avait jamais travaillé en France, sinon elle aurait reconnu DSK comme un séducteur français typique*».

L'affaire DSK pourrait faire bouger les normes

À l'époque, l'enquête n'avait pas donné raison à Piroska Nagy, qui évoquait un abus de pouvoir de la part de son supérieur. Encore une fois, ce qui sous-tend le raisonnement de l'article, c'est que la jeune économiste aurait dû pouvoir adroitement gérer ce grand séducteur...

On retrouve l'idée que les femmes doivent savoir naviguer au gré de ces pressions sans se reposer sur un règlement spécifique. Le problème est que ce genre de discours peut permettre de justifier que l'on ne prenne pas au sérieux les abus de pouvoir et le harcèlement.

Après les récents événements de New York, ce type de discours passera probablement moins bien.

Qui montre son vrai visage ? Du voile intégral à l'affaire DSK[1]

Les TumulTueuses[2]

Du printemps 2010 jusqu'à l'automne, on a entendu presque à l'unisson des hommes (et des femmes), toutes tendances confondues, s'émouvoir du sort de femmes portant le niqab ou le voile intégral. On les a vus s'ériger en défenseurs de « pauvres victimes » qui, pourtant, ne leur demandaient rien. Bien blancs et bien nés, ils (et elles) parlaient de « féminisme » ou d'« égalité homme-femme » et de « laïcité » et de « République » pour justifier une loi prévoyant de mettre à ces femmes des amendes assorties de « stages de citoyenneté ». C'est la punition prévue en effet pour le seul tort de porter des habits infamants, décrits comme des « *prisons ou des cercueils ambulants* ».

Devant une commission présidée par André Gérin[3], Élisabeth Badinter est, par exemple, venue parler de « *la triple perversité de ces femmes* » qui lui faisaient l'impression d'être « *en laisse* ». À la République reconnaissante et devant la même commission, la nouvelle présidente de Ni putes ni soumises, Sihem Habchi, venait offrir un mini strip-tease pour montrer qu'elle n'avait pas peur de montrer son corps en France, *elle*. Quelque temps plus tard, en septembre 2010, la loi est passée, l'association Ni putes ni soumises s'est vue remettre un chèque pour aller expliquer aux femmes des quartiers populaires quels sont les bons

---

1. Article paru en mai 2011 sur le site de l'association (www.tumultueuses. com).
2. Association féministe.
3. NDE : André Gérin est député communiste du Rhône.

comportements vestimentaires, et les sauver de leurs maris voileurs et exciseurs.

Pourquoi évoquer le vote de cette loi et l'engouement des hommes politiques pour un dispositif aussi liberticide (et sexiste) à propos de l'« affaire DSK » ? Parce que mettre les deux affaires en perspective offre un autre regard sur cette classe politique qui excelle à manier et combiner sexisme, mépris de classe et défense de caste.

On voudrait faire croire que le déferlement de sexisme de ces derniers jours autour de l'« affaire DSK » est nouveau. Mais non ! Il se *révèle* à nouveau. Face à l'inculpation pour viol et séquestration (entre autres) de l'un de leurs pairs bien né, richissime, blanc et puissant, beaucoup de ces mêmes hommes se lèvent maintenant comme un seul homme (c'est vraiment le cas de le dire) pour le défendre. Le PS serre les rangs : Martine Aubry verse une larme et Jack Lang dit qu'« *il n'y a pas mort d'homme* ». L'élue socialiste qui regrette d'avoir dissuadé sa fille de porter plainte après une tentative plus ancienne du même personnage, se voit rétorquer par Michèle Sabban[4], qu'elle « *n'aurait plus sa place au PS* ». Harlem Désir « *attend le retour* » de DSK (on espère qu'il attendra longtemps). En mauvais avocat mais en très bon ami, Robert Badinter face à Laurent Joffrin − qui lui rappelle le sort de « *cette faible femme* » (qui se serait pourtant débattue et enfuie) − dit défendre les « *droits de l'accusé* » (qui iraient jusqu'à interdire qu'on l'accuse ?) et déplore « *sa mise à mort médiatique* ».

Nos « intellectuels » ne sont pas à la traîne : Bernard-Henri Lévy, après avoir défendu Roman Polanski, réitère et écrit une lettre publique pour défendre « *son ami* » et refuse de voir en ce « *séducteur, charmeur* » un « *violeur* ». Jean Daniel, dans un édito du *Nouvel Observateur*, défend un homme qui serait victime d'un « *lynchage* » (médiatique) et de l'« *hystérie* » (des commentaires) : des termes en soi révoltants quand on sait que la personne qui l'accuse est une femme noire.

4. NDE : Michèle Sabban est vice-présidente du conseil régional d'Île-de-France.

Après quoi, Jean-François Kahn, en mode déni pathétique, parle de «*troussage de domestique*» (comme si «trousser» une bourgeoise était plus grave).

Beaucoup, ici et là, «*ne veulent pas y croire*»; d'autres s'émeuvent de voir un homme ainsi menotté, mal rasé, face à la «cruauté» de la justice américaine. À droite, on s'est surtout soucié de «*l'image et de la fierté de la France*» dans une affaire parfois requalifiée en «incident», impliquant un expatrié au FMI. Pour ensuite rappeler (enfin) l'existence de la victime, celle qui dit avoir subi deux viols — anal et oral — non par conscience féministe, mais parce qu'il s'agit pour eux de mieux décrédibiliser électoralement un adversaire potentiel et son parti. Le machisme des uns ne faisant que rivaliser avec le sexisme des autres.

Face à ce sexisme et à cette conscience de classe supérieure, justement, que dit Élisabeth Badinter? Rien! Celle qui s'est présentée depuis le début comme la marraine de Ni putes ni soumises et qui a soutenu la loi contre la «burqa» est étrangement silencieuse. On pourrait pourtant lui suggérer d'embaucher l'organisation «féministe» pour des stages de citoyenneté à destination des rangs ghettoïsés de l'Assemblée nationale et des salons des grandes rédactions parisiennes.

Dans ces lieux, il y a en effet un besoin urgent d'éducation à la citoyenneté et de stages de féminisme. Car quand les législateurs se serrent les coudes pour voter des lois racistes et sexistes qui pénalisent et criminalisent surtout les classes populaires, ils ne s'«émeuvent» jamais du sort de ceux qu'ils discrimnent ou qu'ils envoient dans des prisons surpeuplées *bien françaises,* dont on ne sort pas en payant une caution de 4 millions de dollars, mais où l'on crève en silence, *même* quand on est innocent mais gravement présumé coupable.

Le plus caricatural de ces gens-là est *clairement* Manuel Valls. Les propos de celui qui regrettait, il n'y a pas si longtemps, qu'il n'y ait pas plus de «*blancos*» sur le marché de sa ville, illustrent parfaitement la fonction de ce pseudo-féminisme étroitement focalisé sur la dénonciation du machisme des banlieues et de l'islam. Le maire socialiste d'Évry n'a pas peur en effet de fustiger tous ceux qui alimentent le débat autour de l'« affaire DSK » pour déclarer que le vrai problème est ailleurs : « *Je suis un député. Nous faisons la loi. Je suis l'élu d'un quartier populaire où il y a de la violence, où les femmes subissent la violence, où il y a des viols dont on ne parle pas et où les victimes ont peur de porter plainte.* » Le regard est ainsi recadré, des suites des hôtels de luxe vers la réalité des « quartiers populaires » et de leur sexisme légendaire.

Certes, les chiffres nous montrent que le viol représente un risque très élevé pour les femmes, et cela quels que soient le milieu social et la culture. Pourtant – et l'« affaire DSK » le souligne avec brutalité –, les victimes, Noires, immigrées, femmes de ménage et célibataires, ont toutes les chances de ne pas être prises au sérieux, surtout aux alentours d'une échéance électorale. Ce ne sont pas les hommes politiques comme Manuel Valls, pourtant apparemment soucieux des classes populaires, qui les aideront.

Le « féminisme » de ces gens-là, apparaît aujourd'hui tel qu'il est et dans toute sa splendeur : vide et vil, car ils n'en ont tout simplement pas une once.

Violeur au-delà du périph', séducteur en deçà[1]

Najate Zouggari[2]

Dans le traitement médiatique du « *troussage de domesti-que* », les journalistes français ont, pour les moins personnel-lement affectés d'entre eux, voulu faire preuve de « retenue ». Ainsi, le Conseil supérieur de l'audiovisuel (CSA) a-t-il, dès le 17 mai, engagé les télévisions à ne pas diffuser d'images de l'accusé menotté, conformément à une présomption d'in-nocence médiatique dont ne jouissent que trop rarement les inculpés de banlieue. Selon donc que vous soyez un jeune Noir de cité ou un vieux politicien blanc, les jugements média-tiques vous rendront sans la moindre retenue odieux vio-leur ou − « avec retenue » − séducteur malheureux. Dans ce partage raciste des violences sexistes, il est également sous-entendu que seuls les hommes de la première caté-gorie détestent les femmes, de façon innée (chez ces gens-là) ou acquise (à cause de leur culture et de leur religion). Les hommes violents cultivés dans la culture dominante, à rebours, aiment les femmes − on dira souvent d'eux qu'ils les aiment mal, voire trop. Ainsi, la violence des élites sera-t-elle systématiquement justifiée dans la sphère des médias dominants.

Tandis que certains politiciens − et les médias qui les ser-vent − rêvent de déchoir les premiers de leur nationalité, ils protègent les seconds du « puritanisme anglo-saxon » et du « système judiciaire américain », au fil de tribunes toutes

---

1. Article écrit en juin 2011.
2. Journaliste et traductrice.

en retenue ou de déclarations larmoyantes parce que leurs auteurs connaîtraient, eux, le *vrai* visage de DSK. Une flopée de psychologues et de psychiatres – utilisés pour innocenter l'accusé en suscitant la pitié du public plutôt que l'intelligence des faits – a été convoquée par les journalistes. On les trouve notamment dans les colonnes du *Monde* (« Les facteurs psychologiques de l'affaire DSK », 3 juin) et du *Figaro* (« Du FMI à la prison, la chute de DSK vue par les psychiatres », 17 mai). Le recours à cette expertise est révélateur d'une partialité car elle transforme, par un tour de force frappé du sceau de la scientificité, l'accusé potentiellement coupable en victime de sa propre pulsion – le pauvre. Autrement dit, si on l'écrit avec la retenue des médias dominants : DSK aurait été la victime de sa pulsion de séducteur invétéré. Ainsi, dans cette affaire, la prudence des journalistes, leur « volonté de comprendre » l'accusé – et jamais la plaignante – tout comme l'indulgence et la partialité, parfois clairement assumées, contrastent de façon remarquable avec leur propension à condamner les « bandes ethniques » et leurs spectaculaires « tournantes » dans les non moins spectaculaires « caves de cité ». La rigueur de la condamnation – à la fois morale et pénale – qui frappe les populations issues des quartiers populaires est ainsi proportionnelle au relâchement du jugement quand il s'agit d'évaluer et de punir les violences commises par des classes socialement et racialement privilégiées.

La femme de chambre du Sofitel, victime de la tentative de viol, est présentée comme « plaignante » dans la plupart des articles de presse – conformément aux prétentions journalistiques de neutralité, majoritaires dans le champ médiatique. Nafissatou Diallo est toutefois, dans le même temps, qualifiée d'« *accusatrice de Dominique Strauss-Kahn* » par la rédaction de *Paris-Match* (« Celle qui a fait tomber DSK », 17 mai), LCI et l'AFP (dépêche datée du 18 mai). Un article du *Monde* – mû par un curieux souci d'élucidation du crime sur des fondements ethnologiques – recycle cette appellation péjorative en s'intéressant à « *la vie guinéenne de l'accusatrice de Dominique Strauss-Kahn* ». Personne, en revanche, ne s'intéressera à la vie américaine de l'accusé. Question de retenue – qui d'ailleurs ne s'applique pas à «la domestique» dans le communiqué susmentionné du CSA. La «femme de chambre», comme on l'a souvent nommée, n'existe qu'au prisme de l'accusation qu'elle a impudemment portée ou de son origine ethnique confuse – guinéenne ou sénégalaise, «africaine» en tout cas. Les raisons concrètes de son irruption dans le champ médiatique, en revanche, sont toujours euphémisées: la tentative de viol et le courage de réclamer justice. Tour à tour, on l'a dépeinte en «mystérieuse» intrigante, accusant un Dominique grivois mais pas méchant, ou en domestique pas drôle qui se victimise. Car il suffit aux éditocrates de voir une femme noire ou basanée réclamer justice pour aussitôt déplorer l'incorrigible propension des non-blancs à la «victimisation».

Bagatelles pour un viol: la défense médiatique de DSK

Beaucoup de bruit pour rien ont estimé la plupart des journalistes hexagonaux et autres pseudo-analystes patentés de l'actualité. Aux *Matins de France Culture*, le 16 mai, Jean-François Kahn fait la déclaration suivante: «*Je suis certain, pratiquement certain qu'il n'y a pas eu une tentative violente de viol, je ne crois pas; je connais le personnage, je ne le pense pas. Qu'il y ait eu une imprudence, on peut le…* (rire, «gourmand» selon *Rue89*), *je ne sais pas comment dire, un troussage…*» Avant de pouffer comme un collégien, Alain-Gérard Slama observe: «*Il a appelé ça une erreur de jugement.*» C'est très amusant. Mais Jean-François Kahn, retenue oblige, reprend avec un ton très sérieux: «*Qu'il y ait eu un troussage euh… de domestique, je veux dire que ce n'est pas bien mais… voilà c'est une impression.*»

Pour le journaliste Jean-François Kahn, les faits dont DSK est accusé ont assurément moins d'importance que ses amitiés personnelles, ses croyances subjectives ou encore ce qu'il nomme en toute rigueur son «impression». Il se dessine, en creux de cette intervention radiophonique, un journalisme de révérence, sans enquêtes ni investigations précises, faible avec les forts et fort avec les faibles; en un

mot : impressionniste ! Le viol présumé est plus particulièrement entouré de précautions langagières sexistes dont l'expression n'aurait pas été tolérée de la part d'un « jeune » de
banlieue ; mais on est sur France Culture et non pas dans
la Cité du mâle : aux vieux virilistes pseudo-cultivés, tout
est permis, même de minimiser la portée d'un acte criminel. D'ailleurs, Jean-François Kahn ne qualifie pas l'acte de
« viol » ou de « tentative de viol » mais de « *tentative violente
de viol* », comme s'il existait des tentatives non-violentes de
viol. Après l'intervention d'Alain-Gérard Slama et son ricanement complice, Jean-François Kahn laisse entendre qu'un
viol de domestique ne saurait être assimilé à un crime. Il ne
s'agit *que* d'une femme de chambre, après tout. Les classes
populaires peuvent être rassurées : Jean-François Kahn et
Dominique Strauss-Kahn sont tous les deux des hommes
de gauche.

D'autres verbiages éditocratiques corroborent celui du fondateur de *Marianne*. Le philosophe botulien Bernard-Henri
Lévy, dont les impressions sur le viol avaient déjà été révélées
au grand public à l'occasion de sa mobilisation en faveur
de Roman Polanski, remet le couvert dans son bloc-notes
(16 mai) avec une anaphore ridicule : « *je ne sais pas* » qui
veut exactement dire son contraire. La fausse modestie du
botulien qui prétend tout savoir en disant qu'il ne sait rien
participe de la retenue journalistique : « *Ce que je sais c'est
que rien au monde n'autorise à ce qu'un homme soit ainsi
jeté aux chiens.* » Le viol n'existe pas. Le travail de la justice
est méprisable parce que rien n'autorise à ce qu'un homme
riche puisse faire l'objet de poursuites même s'il est coupable
d'agression sexuelle.

Même son de cloche chez l'ancien ministre de la justice
Robert Badinter qui dénonce « *une mise à mort médiatique* »
de Dominique Strauss-Kahn sur l'antenne de France Inter
(17 mai) et décrit très sensiblement un « *homme mal rasé, le
visage défait, exhibé* » ; autrement dit, aux abois mais dont la
défense est paradoxalement assurée par les meilleurs avocats du monde puisqu'il peut, même avec le visage défait,
encore se les payer. À rebours de ce pathos aussi excessif

qu'injustifié, le silence d'Élisabeth Badinter — prompte à dénoncer les tendances sexistes de la musulmanerie — est assourdissant : le viol d'une pauvre domestique noire ne suscitant pas la moindre indignation chez la présidente — féministe à ses heures — du conseil de surveillance du groupe Publicis. Nulle lettre ouverte à Dominique Strauss-Kahn dans les journaux. Autrement dit, un tissu couvrant mais librement choisi (hidjab ou « foulard islamique ») : très scandaleux ; une tentative de viol : pas très scandaleux.

« *Pauvre DSK !* » ironise Isabelle Germain dans la section « Comment is Free » (17 mai) du quotidien britannique *The Guardian*. Un article de Nick Cohen pour le *Spectator*, intitulé « Le viol et les élites françaises » (18 mai), dénonce encore plus fermement la mauvaise foi du philosophe botulien et, par extension, de ses amis. Nick Cohen écrit de lui : « *Il n'a pas la moindre commisération pour la victime présumée, une pauvre immigrée d'Afrique qui selon le* New York Times *a dû être hospitalisée après l'agression présumée.* » Le journaliste britannique qualifie le verbiage botulien de « *péroraison hypocrite* », tournant en dérision son usage de l'hyperbole, le caractère partial de son commentaire et son indignation à géométrie variable : BHL « *ne peut pas défendre le droit des femmes uniquement à Téhéran et Riyad* ».

Violeur : vérité au-delà du périph', séducteur en deçà

De la même façon que la race, la classe et l'appartenance à un certain contexte géopolitique de la victime semblent conditionner la possibilité de sa défense dans les médias dominants : il n'y a de violeurs que dans les « caves de cité », c'est-à-dire dans les quartiers populaires. La violence machiste n'existe pas en deçà des banlieues. Les journalistes d'Arte n'ont ainsi mené aucune enquête au FMI où la consigne en vigueur était pourtant de « *ne jamais laisser DSK seul avec une femme dans son bureau* » (*Le Nouvel Observateur,* 19 mai). Ici pas de fixeurs, ni d'investigation : de la retenue ! « *Séducteur jusqu'à l'inconscience* » pour *Le Parisien* (16 mai), « *libertin* », « *dragueur* », « *entreprenant* », « *séducteur lourd* » pour Alain Finkielkraut à l'antenne de

RMC, « *mais pas un violeur* ». Pendant que les sophistes ratiocinent, la définition du viol ne se dissout pas dans un essaim d'atténuations douteuses et l'enquête matérielle heureusement progresse. D'après le site de la chaîne de télévision NBC New York (24 mai), les analyses d'ADN confirmeraient que c'est bien le sperme du « *séducteur lourd* » qui se retrouve sur le chemisier de la victime.

Alain Finkielkraut ne ménage pas sa défense : ce qu'il qualifie d'« *horreur tragique* », ce n'est pas le crime dénoncé sans pitié lorsqu'il est le fait des classes populaires, mais la possibilité même que les élites puissent faire l'objet d'une accusation. Lorsqu'il dit « *sa vie a basculé dans le cauchemar* », il ne fait pas référence à la vie de la femme qui aurait subi l'agression ; la gravité de l'acte est fortement minimisée puisque le viol éventuel n'est qualifié que de « *bêtise* » et d'« *égarement* ». Comme Jean-François Kahn avait des « impressions », Alain Finkielkraut a des « sentiments ». Or, les auditeurs de RMC, comme ceux probablement de France Culture, veulent comprendre les faits et non explorer les petites intériorités bourgeoises, fallacieuses et profondément ennuyeuses de l'un ou de l'autre de ces journalistes. Contrairement à Jean-François Kahn, qui ne cache pas sa relation d'amitié à DSK, la connivence d'Alain Finkielkraut se dessine plus subtilement. Il prend soin de préciser qu'il ne fréquente pas les riyads de Marrakech et souligne ses désaccords politiques avec le patron du FMI. Néanmoins, il éprouve de la « *compassion* » pour le prévenu : une connivence de classe se dessine clairement − c'est « la chute » d'un membre de l'élite à laquelle il s'identifie qui le touche. Cette disgrâce l'émeut plus que les souffrances d'une domestique qui porte le triple stigmate d'être une pauvre femme noire.

Alain Finkielkraut − comme l'ensemble de la défense médiatique qui entoure DSK de sa réserve et sa sollicitude − invoque la « *présomption d'innocence* » là où pour d'autres il inciterait à « la tolérance zéro ».

Dans l'affaire du RER D, lorsqu'une jeune femme non juive avait prétendu en 2004 faire l'objet d'une agression antisémite menée par d'affreux banlieusards arabes et noirs, ni Alain

Finkielkraut ni DSK lui-même n'avaient jugé bon de défendre la présomption d'innocence des accusés. L'empressement des élites politiques (et des journalistes à leur service) à faire le procès médiatique de la jeunesse des banlieues, des pauvres, des Arabes, des Noirs, des musulmans, contraste avec la retenue et la suspension du jugement exigées dans le cadre de l'« affaire DSK ». À l'antenne de France 2, au mépris de toute présomption d'innocence des inculpés fictifs, Dominique Strauss-Kahn avait alors livré ce commentaire : « *Si c'est un coup monté, évidemment ce serait criticable en tant que coup monté, mais ça ne changerait rien au fait que c'est la dixième ou vingtième agression de ce genre.* » Pour être valide et pertinent, ce jugement devrait pouvoir s'appliquer à sa propre affaire.

Mais ce jugement-là — comme les autres jugements médiatiques relatifs aux crimes sexuels — ne résiste pas au relativisme moral des classes dominantes qui modulent leur compassion et leur sens prétendument universel de la justice en fonction de la classe et de l'appartenance religieuse et raciale des individus impliqués. Ainsi s'affiche une volonté de préserver la famille de DSK inversement proportionnelle à la mise en scène de la famille « africaine » de Nafissatou Diallo.

Plongée exotique dans la « communauté de celle qui accuse DSK »

La victime et sa famille font l'objet d'une visibilisation excessive qui contraste, une nouvelle fois, avec la « retenue », la « décence », le « respect » qui entourent celle de l'accusé. La sphère médiatique scrute le milieu de l'« accusatrice ». Le *JDD* (22 mai) propose ainsi « *une plongée dans la communauté qui accuse DSK* ». Aucune semblable immersion dans la communauté de l'autre partie ne sera proposée aux lecteurs. L'introduction de cet article signé Marie-Christine Tabet ressemble de façon presque assumée à une carte postale coloniale — dont elle a, diront les nostalgiques, le charme suranné : « *Le port de tête est altier. Les cheveux bruns élégamment coiffés ont été lissés et crantés sur les côtés. Le portrait évoque un cliché des années 1950 aux couleurs retouchées. Cette jolie Africaine aux allures de princesse est la femme la plus recherchée de la planète.* » Le texte trace ensuite le parcours de Nafissatou Diallo, non sans multiplier les ellipses qui accentuent la dramaturgie obscène du récit. « *C'est une femme peule et musulmane* », nous apprend la journaliste ou, évoquant la rencontre avec la sœur de la victime, « *c'est son mari qui sert d'intermédiaire* ». Enfin, l'article se clôt par le constat des difficultés auxquelles sera confrontée la victime, notamment « *l'avidité des médias* » mais « *surtout le regard implacable de sa communauté* ». Comme si son milieu d'origine ne pouvait pas, tout au contraire, lui apporter un soutien : dans l'imaginaire post-colonial, certaines communautés ne peuvent être que préjudiciable à leurs membres, surtout féminins. Dans le même genre de petits reportages évocateurs de *Tintin au Congo*, on trouve celui du *Figaro* (24 mai) intitulé : « Tchiakoullé en Guinée, village de l'accusatrice de DSK » – et toujours nulle trace d'un papier anthropologique tel que : « Neuilly-sur-Seine en France, village de celui qui aurait violé Nafissatou Diallo ».

Dans une tribune (datée du 8 juin) qui ressemble à la dissertation ratée d'une étudiante en lettres, une journaliste de *Marianne* souligne le caractère allégorique du procès, la « *fièvre allégorique* », l'« *allégorisation* »... Rien n'est moins vrai : ce procès n'est pas l'affaire d'une « *allégorie innocente* » contre une « *allégorie coupable* », comme elle le prétend dans les termes incompréhensibles de son raisonnement fumeux. C'est le procès réel d'un homme accusé d'une agression sexuelle réelle. Mais la journaliste des figures de style pèche par idéalisme : de la lutte des classes, écrit-elle encore, « *on peut faire un slogan, un livre, une philosophie* ». Seuls les journalistes des médias dominants se bercent encore de l'illusion qu'ils font ce qu'ils veulent de la lutte des classes, que c'est une idée philosophique démodée et qu'en somme, la réalité et les phénomènes sociaux dépendent de la perception qu'ils en ont. C'est toute l'immodestie des taupes néolibérales : malvoyantes et stupides, mais sûres de leur lucidité et de leur intelligence, promptes à surimposer leurs représentations subjectives à un réel qu'elles ne font jamais l'effort d'examiner.

Nafissatou Diallo est noire mais au lieu de traiter ce paramètre conformément à la réalité de la condition minoritaire des Noirs dans une société blanche, les journalistes français ont au mieux exotisé cette donnée, au pire ils l'ont dissoute dans une critique allégorisante de l'allégorie. Angela Davis a souligné dans son livre *Women, Race & Class*, la réalité sociale suivante qui n'a rien d'une idée abstraite : « *Aux États-Unis et dans les autres pays capitalistes, les lois sur le viol ont été édifiées à l'origine pour protéger les hommes des classes supérieures, dont les filles et les femmes pouvaient être agressées. Ce qui pouvait arriver aux femmes des classes populaires n'a que rarement inquiété les tribunaux ; par conséquent, il est à souligner que très peu d'hommes ont été poursuivis pour les violences sexuelles qu'ils avaient infligées à ces femmes. […] L'un des traits saillants du racisme est d'avoir toujours posé que les hommes blancs – et tout particulièrement ceux qui possèdent le pouvoir économique – ont un droit d'accès incontestable aux corps des femmes noires[3].* »

Au final, la défense médiatique de DSK – qui n'est que le reflet de la base matérielle où elle s'enracine – refuse d'admettre la réalité de l'intersection entre sexisme et racisme. Cet aveuglement volontaire sur les privilèges de race et de classe n'a rien de surprenant : en reconnaître l'existence mettrait en péril les profits matériels et symboliques dérivant d'une injustice sociale qui n'a rien d'allégorique. Le relativisme moral – consubstantiel à la négation des enjeux de classe et race – pourrait bien être fatal à la société qui le met impunément en œuvre, comme l'a souligné Aimé Césaire dans son *Discours sur le colonialisme* : « *Chaque fois qu'il y a eu au Vietnam une tête coupée et un œil crevé et qu'en France on accepte, une fillette violée et qu'en France on accepte, un Malgache supplicié et qu'en France on accepte, il y a un acquis de la civilisation qui pèse de son poids mort,*

---

3. Angela Davis, *Women, Race and Class*, New York, Vintage, 1983.

une régression universelle qui s'opère, une gangrène qui s'installe. »

L'expression de « *troussage de domestique* », ainsi que la réserve ou les ricanements grivois visant à minimiser le viol d'une femme de chambre noire, marquent un nouvel assentiment de la France à la mythologie humaniste où n'existeraient ni race ni classe mais où, par la voix de ses médias dominants, les intérêts de race et de classe sont toujours bien gardés.

Violences faites aux femmes : la volonté de ne pas savoir[1]

Christelle Hamel[2]

À l'heure où j'écris ce texte, nous somme le 8 juin 2011 et je reviens d'un voyage au Québec qui m'amène au constat suivant : en France, en matière de violences faites aux femmes, il y a une volonté collective de ne pas savoir. Reprenons le fil du voyage qui m'a amenée à ce constat.

Ici, en France, on ne peut pas y croire…

Le 28 mai, je suis à l'aéroport de Paris Charles de Gaulle, en attente de mon vol pour Montréal. Depuis le 14 mai, jour de l'annonce de l'arrestation de Dominique Strauss-Khan pour des faits de violences sexuelles à l'encontre d'une femme de ménage de l'hôtel Sofitel de New York, les médias français diffusent sans discontinuer les commentaires incrédules de journalistes, intellectuels, personnalités politiques devant la culpabilité possible de Dominique Strauss-Khan. Les un·es et les autres s'étonnent qu'un homme « *de son rang* » puisse commettre des violences sexuelles, affirment que de tels comportements ne « *lui ressemblent pas* », déclarent que la justice américaine est « *particulièrement cruelle* », tandis que les journalistes français se félicitent de « *ne pas regarder ce qui se passe dans le lit des hommes politiques* ». Les micros-trottoirs qui donnent la parole aux Français et aux Françaises ainsi que les commentaires postés par les internautes sur les sites web des journaux traitant de l'« affaire DSK » diffusent la

---

1. Texte écrit le 13 juin 2011.
2. Sociologue, chargée de recherche à l'Institut national d'études démographiques, Unité de recherche « Genre, démographie et société ».

théorie d'un « *complot visant à déstabiliser le meilleur candidat du Parti socialiste aux élections présidentielles de 2012* » ; et un sondage réalisé auprès d'un millier de personnes par l'institut CSA, rendu public le 17 mai, annonce que 54 % des Français croient en cette hypothèse, taux qui s'élève à 70 % chez les sympathisants socialistes. Enfin, Harlem Désir, porte-parole du Parti socialiste, en appelle le 19 mai à l'intervention du président de la République pour l'obtention de la libération de Dominique Strauss-Kahn « *afin qu'il puisse organiser sa défense de façon décente* ». Les premiers réflexes sont ainsi la mise en doute immédiate de la véracité des faits dénoncés par la femme de chambre qui a en informé la police, la compassion pour l'agresseur présumé et l'organisation collective de sa défense, au mépris du principe d'indépendance de la justice dont témoigne la demande d'intervention adressée par Harlem Désir au président de la République française.

Tout cela me paraît à la fois banal et ahurissant. Banal parce que toutes les femmes victimes de violence sexuelle en France font face à cette réaction collective d'incrédulité et de déni dès lors qu'elles brisent le silence en révélant les violences qu'elles ont subies et plus encore quand elles déposent plainte. Et ahurissant, car je pensais naïvement qu'il en aurait été autrement dans ce cas précis. J'imaginais que l'arrestation par la police aurait suffi à faire naître de sérieux doutes dans l'esprit de tout un chacun, que la victime présumée aurait bénéficié d'un minimum de compassion et que les réactions de chacun·e auraient dès lors été plus équilibrées.

... parce qu'on ne veut pas savoir

La revendication d'honorabilité des journalistes, convaincus d'adopter le bon comportement en « ne regardant pas dans le lit des hommes politiques », me paraît symptomatique d'une attitude globale de déni, autrement dit de la volonté collective de ne pas savoir. En effet, cette revendication suppose que dans le lit des hommes politiques, il ne pourrait pas être commis de crimes ou de délits et plus encore que ces crimes et délits ne méritent pas investigation. Faut-il en déduire que les crimes sexuels sont moins graves que les détournements de fonds ? Toujours est-il qu'en France, on peut être condamné pour avoir commis des violences sexuelles et ne pas être exclu de son parti politique. Il s'agit pourtant d'atteintes à des personnes, non d'atteintes aux biens. Il s'agit d'atteintes à la volonté, à la libre disposition de son corps et à l'intégrité physique et morale d'êtres humains. L'échelle de gravité des délits me semble inversée dans l'esprit de beaucoup de nos concitoyens et des commentateurs de l'« affaire DSK ». Je m'étonne aussi de cette impossibilité de croire en l'idée qu'un homme de « haut rang » puisse commettre des violences, car on sait que les violences faites aux femmes sont répandues dans tous les milieux sociaux.

L'ensemble des commentaires m'évoque les réactions qui entourent l'inceste et font que des enfants peuvent subir la maltraitance de leurs parents pendant des années sans interventions extérieures. Il semble qu'en France, on ne veuille pas voir, on ne veuille pas entendre, on ne cherche pas à savoir, sous prétexte qu'il s'agirait d'« affaires privées ». Inceste, violences envers les enfants, violences conjugales, viol conjugal, viol lors de tentatives de séduction, harcèlement sexuel au travail… la liste est longue des crimes et délits qui se commettent dans ladite « sphère privée » sans que la collectivité n'intervienne.

Les associations féministes et les recherches sur les violences faites aux femmes ont pourtant largement montré que la sexualité et les relations familiales peuvent constituer non seulement des contextes d'exposition à des violences pour les femmes et les enfants, mais aussi qu'il s'agit des contextes les plus dangereux pour les victimes, en raison précisément de la présence permanente de l'agresseur et de l'absence régulatrice du regard des autres.

C'est bien pour lutter contre cette absence d'intervention collective que le mouvement des femmes des années 1970 a scandé le slogan « Le privé est politique ». Quarante ans plus tard, force est de constater que les relations sexuelles et les relations familiales parce qu'elles sont considérées comme des « affaires privées », demeurent des « zones de non-droit ». Force est de constater que la population est toujours aussi tolérante à l'égard de ces violences. Or cette tolérance n'est à mon sens pas fortuite, elle est le fait de l'ignorance des connaissances, qui existent pourtant, sur ces violences. L'ignorance non plus n'est pas fortuite. L'ignorance n'est pas le fruit du hasard, l'ignorance se cultive, s'organise. L'ignorance est le produit de l'indifférence collective et de l'absence de volonté politique (des Français comme de leurs représentants élus à l'Assemblée nationale), de développement et de diffusion du savoir sur les violences faites aux femmes.

Là-bas, au Québec, on a cessé de s'aveugler...

Le 28 mai, à l'aéroport, je me sens abasourdie par tant d'inepties et contente de quitter la France quelque temps. Mais au fait, pourquoi ce voyage au Québec ? Hasard du calendrier ou ironie de l'histoire : je me rends à un colloque international sur les violences faites aux femmes organisé tous les deux ans par le CRI-VIFF, le centre de recherche interdisciplinaire du Québec sur la violence familiale et la violence faite aux femmes, car il est des pays où il existe une volonté de savoir.

Faisons d'abord un détour par la création du CRI-VIFF et son fonctionnement. En 1989, un jeune homme de 25 ans tue volontairement quatorze jeunes femmes, étudiantes à l'école polytechnique de Montréal, avec une arme automatique, les accusant d'être « *féministes* » et d'avoir « *ruiné sa vie* ». Après une forte mobilisation nationale, le mouvement féministe québécois obtient, entre autres avancées, la création en 1992 du CRI-VIFF. Ce centre de recherche, qui existe donc depuis vingt ans, rassemble quarante-neuf chercheuses et chercheurs, de toutes disciplines, appartenant aux différentes universités québécoises. Il n'est ainsi pas d'université qui n'ait pas quatre ou cinq chercheur·es travaillant sur ce thème. Huit autres centres équivalents au CRI-VIFF sont répartis sur le reste du territoire canadien. Le CRI-VIFF a non seulement pour objectif de conduire des recherches sur les violences familiales et faites aux femmes mais aussi d'étudier l'efficacité des réponses sociales qui y sont apportées et s'inscrit ainsi dans une perspective d'évaluation des politiques publiques et de proposition d'amélioration de celles-ci. La formation et le transfert des connaissances en direction des travailleurs sociaux, juristes, magistrats, policiers, enseignants et l'ensemble de la population sont au cœur de sa mission. La production du savoir sur ces violences se fait en étroit partenariat avec les acteurs sociaux impliqués, notamment avec les associations luttant contre les violences faites aux femmes. En ce sens, le CRI-VIFF est un exemple particulièrement efficace d'association du monde universitaire, des institutions publiques impliquées dans la lutte contre les violences faites aux femmes et des associations spécialisées dans ce domaine.

Outre la recherche sur les victimes, femmes ou enfants, et sur les agresseurs, le centre a encore pour objectif de « *former la relève scientifique en violence familiale et en violence faite aux femmes* », en accueillant des étudiant·es, et d'« *assurer la diffusion, le transfert et l'appropriation des connaissances dans la communauté scientifique et dans les différents milieux de pratique concernés, tant sur le plan régional, national, qu'international*[3] ». Les partenaires fondateurs du centre comprennent les universités mais aussi les associations de lutte contre les violences faites aux femmes, ainsi regroupées dans une même structure.

À Montréal, 500 femmes se réunissent pour étudier les violences

Que s'est-il passé dans ce colloque ? Pendant quatre jours, 500 femmes, de quarante nationalités, enseignantes-chercheuses ou praticiennes, travaillant à l'université, pour des institutions publiques ou des associations, ont présenté leurs travaux. Difficile de résumer ces nombreux échanges. J'essaierai plutôt de livrer les impressions que ce colloque m'a laissées.

Ma première réaction a été de me dire que la France serait bien dans l'impossibilité d'organiser un tel colloque, car les

---

3. *www.criviff.qc.ca.*

moyens humains nécessaires à l'organisation d'un tel événement sont simplement trop faibles. Réunir les treize personnes spécialistes des violences faites aux femmes afin de
former un comité scientifique serait déjà un véritable exercice.
Ensuite, au fur et à mesure de la lecture du long programme
du colloque, je découvrais que d'autres Françaises que je
connaissais étaient là, et que d'autres encore, dont j'igno-
rais littéralement l'existence, étaient aussi présentes. Ma
deuxième réflexion fut de constater qu'il n'existe même pas
de réseaux de recherche sur les violences faites aux femmes − même pas un − qui permettraient a minima de nous
identifier et de travailler ensemble. Je constatai encore qu'au
moins la moitié des Françaises présentes appartenaient à
des associations. Jamais je ne les croise dans les colloques
en France car les colloques scientifiques français ne leur
sont jamais ouverts. Or, il faut bien reconnaître que ce sont
elles qui, en France comme ailleurs, ont été les premières
à accumuler les connaissances sur les violences faites aux
femmes. J'ai encore été frappée par le caractère pluridisci-
plinaire du colloque, chose tout à fait inexistante en France.
Sociologues, statisticiennes, philosophes, juristes, écono-
mistes, psychologues, politistes, criminologues, travailleuses sociales − exerçant dans les associations d'accueil des
victimes, d'accueil des hommes violents, dans les centres
d'hébergement d'urgences − médecins, infirmières, etc. La
diversité des disciplines mobilisées donne un aperçu de la
diversité des questions qu'il est nécessaire d'étudier pour
prévenir les violences faites aux femmes et un aperçu de la
volonté politique qu'il faut pour réunir et impliquer tous les
pans de la société. Continuant ma lecture du programme, je
m'étonnai de l'absence du thème de la violence faites aux
femmes au travail et en fis part à une collègue qui me répon-
dit avec raison : « Tu sais, ça fait vingt ans qu'on réfléchit à
ce problème ici et des mesures ont été prises, alors on est
un peu passées à autre chose. » Certes, la France, elle, n'a
pas encore découvert le problème… Le délit de harcèlement
sexuel n'existe en droit français que depuis 1992 et vingt
ans après, en 2008, il n'y a eu que soixante-dix-huit cas de

harcèlement sexuel ayant abouti à une condamnation d'après le ministère de la justice[4], alors qu'il y a 60 millions de personnes en France. Autant dire que si le harcèlement sexuel n'existait pas dans la loi, ce serait pareil.

Que s'est-il dit pendant ces quatre jours ? Les savoirs accumulés ont déjà conduit à l'élaboration d'un corpus de connaissances très vaste et à une littérature abondante, largement méconnue en France. Un effort de conceptualisation de l'objet « violence faite aux femmes » se conjugue à l'élaboration de typologies des différentes formes de violence, ainsi qu'à une réflexion approfondie sur les méthodes de recherche. Ces violences sont abordées dans leurs liens avec les inégalités entre femmes et hommes et avec les autres formes d'inégalités sociales. Les situations particulières des femmes appartenant aux minorités migrantes, homosexuelles ou ayant un handicap sont explorées. Les réponses sociales et pénales sont étudiées dans l'objectif de comprendre les raisons pour lesquelles elles ne sont pas appliquées ou le sont insuffisamment. De nombreux outils de prévention élaborés par les associations à destination des enseignants, des policiers, des travailleurs sociaux, des femmes victimes, des hommes violents, des enfants, des jeunes en milieux scolaire ont été présentés : vidéos, Cd-roms, affiches, sites internet d'information des victimes ne laissant pas de trace sur les ordinateurs après consultation, jeux de rôles. La diversité et la qualité de ces outils m'ont impressionnée.

Avant de partir, je pensais déjà que la France était en retard, au terme de ces quatre jours, je ne peux que dire que la France est *affreusement* en retard.

Tandis qu'en France, la recherche n'en est qu'à ses débuts

Le Québec compte à peine 8 millions de personnes et ce sont donc plus de quarante-neuf enseignant·es/chercheur·euses qui étudient à plein-temps le phénomène des violences faites aux femmes, ainsi que trente-six étudiant·es

---

4. Chiffres rapportés par la journaliste Sonya Faure dans le journal *Libération* du samedi 11 et du dimanche 12 juin 2011.

en doctorat et deux post-doctorant·es financés. En France où l'on compte près de 64 millions d'habitants, soit huit fois plus qu'au Québec, il n'existe aucun centre de recherche sur les violences faites aux femmes et les chercheur·euses qui travaillent sur ce sujet se comptent sur les doigts de la main. Non seulement ces personnes sont peu nombreuses mais elles n'ont en outre pas été recrutées pour travailler spécifiquement sur ces questions et sont tout à fait dispersées et isolées dans leurs laboratoires.

Qu'en est-il de la recherche sur les violences faites aux femmes en France ? Cette recherche est très récente et manque terriblement de coordination avec les institutions et les associations. Il faut dire que tenter de travailler avec les associations, en tant que chercheuse, revient à s'exposer à une critique déjà présente quand on s'intéresse aux inégalités entre femmes et hommes. C'est s'exposer à l'accusation de « militantisme », utilisée pour discréditer les recherches féministes (ou sur le genre) en les excluant du domaine de la « scientificité ». Il faut croire que l'aveuglement des chercheurs masculins à ces questions est objectif, lui. En ce domaine, j'ai pu constater qu'au Québec comme en France, la quasi-totalité des personnes s'intéressant aux inégalités entre femmes et hommes sont des femmes : les 500 participants au colloque étaient bien des participantes.

L'étude des violences faites aux femmes a vraiment pris naissance dans la recherche avec la réalisation en 2000 de l'enquête nationale sur les violences faites aux femmes (ENVEFF), pilotée par Maryse Jaspard, militante féministe et enseignante chercheuse à l'Institut de démographie de l'université Paris 1. Cette enquête n'a vu le jour que parce qu'à la conférence mondiale sur les femmes, organisée sous l'égide de l'ONU à Pékin en 1995, le constat fut fait de l'inexistence de données statistiques permettant de mesurer l'ampleur de ce phénomène en France, à la différence des autres pays industrialisés. De même, ce n'est que depuis 2005, sous l'impulsion de l'Europe, que le Service pour les droits des femmes et pour l'égalité établit tous les trois ans un « plan global de lutte contre les violences faites aux femmes ». Ce n'est que depuis 2006, à l'initiative d'une femme, la capitaine Chapalin, qu'on dénombre annuellement le nombre de meurtres conjugaux. Et c'est seulement depuis 2007 que les enquêtes de victimation réalisées par l'Observatoire national de la délinquance et des réponses pénales, avec la collaboration de l'Insee, pour estimer l'ampleur des crimes et délits commis en France, comportent des éléments permettant de mesurer les violences intrafamiliales et les violences sexuelles. Notons qu'on mesurait, depuis fort longtemps, le nombre de cambriolages.

Certes, ce sont là des avancées. Certes, une mission spéciale d'étude des violences faites aux femmes vient d'être attribuée à l'Office national de la délinquance et des réponses pénales, et c'est un pas en avant vers une production statistique régulière. Mais on ne peut se féliciter de ces maigres progrès, tant le travail à accomplir est immense. Qui va former les magistrats, les avocats, les policiers, les travailleurs sociaux, les journalistes, les médecins, les enseignants, le grand public sur les violences faites aux femmes ? Il faut des enseignants dans les formations de tous ces acteurs sociaux, capables de délivrer les connaissances nécessaires à un véritable changement. Il faut auprès de toutes et tous déconstruire les stéréotypes sur les agresseurs et les victimes, informer sur les réactions à adopter en cas de violences, que l'on soit victime ou témoin de violences. Notre dispositif juridique et le fonctionnement des systèmes médicaux, policiers, judiciaires doivent encore évoluer et nous avons besoin pour cela de juristes et de politistes capables de procéder à leur examen par la comparaison internationale. Nous avons besoin de sociologues, de juristes, de criminologues, de psychologues, de médecins étudiant pourquoi les victimes de violences ne déposent pas plainte et capables de proposer des transformations permettant d'augmenter les dépôts de plainte et les condamnations. Nous avons besoin de spécialistes de l'information et de la communication étudiant les représentations des violences faites aux femmes dans les médias, s'attachant à élaborer des outils de sensibilisation, et capables de travailler pour cela avec les associations. Nous avons besoins de démographes, de statisticiennes, dans la statistique publique et dans la recherche, capables d'étudier à l'échelle nationale non seulement l'ampleur des violences, mais aussi leurs effets sur les parcours de vie des femmes, ce que les enquêtes actuelles ne permettent pas. La liste des besoins est considérable. Le troisième plan interministériel de lutte contre les violences faites aux femmes 2011-2013[5], élaboré sous l'égide de la ministre Roselyne Bachelot-Narquin, énumère un nombre déjà considérable de projets de recherche à mener, ce qui constitue un pas de plus. Mais les budgets associés paraissent tout à fait insuffisants et les forces humaines pouvant répondre à l'ensemble de ces besoins de connaissances ne sont à l'heure actuelle pas présentes. Il faut dire que l'étude des violences faites aux femmes n'a jamais été définie jusqu'alors comme une priorité, ni même un sujet dans les orientations stratégiques de la recherche par le ministère de l'enseignement supérieur. Or, il ne pourra être répondu à cette immense liste des besoins de connaissance et de formation que par la planification, sur plusieurs années, de recrutements de chercheuses et enseignantes-chercheuses en droit, en sciences politiques, en sociologie, en psychologie, en sciences des médias et de la communication, sur des postes spécialement dédiés à l'étude des violences faites aux femmes.

En France, environ 180 femmes meurent chaque année des coups de leurs conjoints[6], on estime à 208 000 le nombre de femmes (parmi les 18-75 ans) ayant été victimes de violences conjugales en 2009[7]. Environ 75 000 viols sont commis annuellement[8], à peine 10 000 dépôts de plainte sont

---

5. www.solidarite.gouv.fr/IMG/pdf/Plan_violences_2011_2013_synthese.pdf.
6. Observatoire national de la délinquance et des réponses pénales (ONDRP), *Rapport 2009*, « Éléments de mesure des violences entre conjoints », p. 247.
7. Observatoire national de la délinquance et des réponses pénales (ONDRP), « Les auteurs d'actes de violences physiques ou sexuelles, déclarés par les personnes de 18 à 75 ans, en 2008 et 2009 d'après les résultats des enquêtes "Cadre de vie et sécurité" », *Repère 14*, décembre 2010, p. 7.
8. L'enquête de victimation, *Cadre de vie et sécurité 2007-2008*, réalisée par l'ONDRP et l'Insee a permis d'estimer à 150 000 environ le nombre de

enregistrés et moins de 2000 condamnations prononcées ; constat déjà établi lors de la réalisation de la première enquête nationale sur les violences faites aux femmes (ENVEFF) en 2000[9]. Ca fait quand même 73000 viols impunis par an. Et on ne perçoit pas d'évolution depuis lors. Plus exactement, il y a bien eu évolution : le nombre de condamnations est en baisse depuis 2006[10] (1 392 en 2009). Combien faudra-t-il encore de mortes et de viols impunis pour que la violence faite aux femmes et plus largement pour que les inégalités entre les femmes et les hommes deviennent, au même titre que la santé ou le vieillissement, des questions explicitement déclarées comme prioritaires dans les orientations stratégiques du ministère de l'enseignement supérieur et la recherche ? Combien faudra-t-il encore de crimes envers les femmes pour que l'État consacre des budgets conséquents à la lutte contre ces violences et à leur prévention ?

femmes de 18 à 75 ans ayant déclaré avoir été victimes d'au moins un viol au cours des deux années 2007 et 2008. Le chiffre de 75000 par an est une estimation rapportée à une année.

9. Maryse Jaspard et al., *Les violences envers les femmes en France, une enquête nationale,* Paris, La Documentation française, 2002.

10. Pierre V. Tournier, *Les infractions sexuelles*, 2011, p. 88, http://theseas. reseaudoc.org/opac/doc_num.php?explnum_id=560

Le machisme ultraviolent au quotidien

Michelle Guerci[1]

C'était neuf mois avant l'« affaire DSK » et avant que les langues ne se délient. Le 29 septembre 2010, la soirée Thema d'Arte « Femmes : pourquoi tant de haine ? », diffusait *La cité du mâle,* documentaire qui désignait les quartiers comme « le » lieu de l'ultrasexisme. « Animaux », « barbares », « fascistes » : ainsi étaient nommés les jeunes des banlieues, noirs et arabes, forcément noirs et arabes, dans ce film salué par le Front national. Loin de ces ghettos, les femmes pouvaient dormir tranquilles, l'Homme Blanc, lui, était civilisé. L'article qui suit, publié dans l'hebomadaire *Politis*[2], montre que le machisme ultraviolent se porte bien dans toute la société, notamment au plus haut niveau de l'establishment, pourrait-on dire aujourd'hui.

« *Tu lui mets une droite et on n'en parle plus* », dit un animateur à un jeune homme qui témoigne ne pas s'entendre avec sa patronne. « *Sophie, tu racontes que de la merde. La prochaine fois, tu vas prendre.* » Adresse d'un autre animateur à sa collègue prénommée Sophie. Non, vous n'êtes pas dans le 93 ou en banlieue marseillaise. Vous êtes sur NRJ, quatrième radio française.

Ces extraits d'émissions figurent dans le *Rapport sur l'image des femmes dans les médias,* paru fin 2008. Commandé par la commission du même nom, présidée par Michèle Reiser et dont la rapporteuse est Brigitte Grésy, inspectrice générale des affaires sociales, il a fait l'objet, le 13 octobre 2010, d'un

---

1. Journaliste.
2. *Politis,* 28 octobre 2010.

accord signé entre une soixantaine de patrons de presse, la secrétaire d'État à la famille et à la solidarité, Nadine Morano, et le CSA. Objectif : favoriser l'expression d'expertes sous-représentées à la télé, à la radio ou dans la presse écrite, et lutter contre les stéréotypes. Mais rien dans cet accord sur le machisme ultraviolent[3].

« Si elle accepte pas, tu lui mets un petit coup »

Pourtant, dans le même rapport, on peut lire plus loin : « *À un garçon qui évoque le malaise de son amie à l'idée de se retrouver nue devant lui pour faire l'amour pour la première fois, un animateur conseille : "Tu la mets à quatre pattes et puis t'es dedans", et un autre poursuit : "Si tu veux la dresser, tu lui mets un petit coup sur les fesses, et si elle accepte pas, tu lui mets un petit coup jusqu'à ce qu'elle accepte, pour la dresser, quoi".* » Vous êtes toujours sur NRJ.

Plus loin encore : « *Si t'étais gentille, on te paierait peut-être ?* » Cette fois, vous êtes sur Fun Radio, propriété du groupe RTL, septième radio et deuxième en taux d'audience chez les 15-25 ans. Plus loin, toujours sur Fun Radio, un animateur coupe le raisonnement de sa collègue avec ces mots : « *"Dit-elle, en sortant ses gros seins". [...] La question de la taille des seins de cette dernière est récurrente tout au long de l'émission au point qu'on lui demande si elle est enceinte. [...] "Moi, on m'a jamais éjaculé dans la bouche !" : voix de l'animatrice imitée de façon ridicule par son alter ego.* » Etc. Incitation aux violences physiques, au viol, femmes traitées comme des sous-êtres, femmes-prostituées : ces propos, « *cas extrêmes* » selon le rapport, ont droit de cité sur les ondes tous les jours.

Ridiculisation de l'animatrice en direct

Autre radio, numéro 1 française chez les 15-25 ans avec 4,2 millions d'auditeurs quotidiens : Skyrock. Actionnaire majoritaire (60 %) : une holding détenue à 51 % par Pierre

---

3. Sur *travail-solidarite.gouv.fr,* le texte de l'accord intitulé «Acte d'engagement pour une démarche d'autorégulation visant à améliorer l'image des femmes dans les médias ».

Bellanger, fondateur et pdg, et à 49 % par le Crédit agricole, venu au secours du patron de la radio débarqué de son poste en avril par Axa, ex-actionnaire majoritaire, qui détient toujours 40 % de Skyrock. Cette station est régulièrement épinglée par le CSA pour ses propos attentatoires à la dignité humaine. Le rapport pointe le statut des animatrices sur Skyrock : « *Un florilège des interventions de Marie* [animatrice] *en un quart d'heure d'émission.* [...] *Elles se résument à des onomatopées diverses, à des reprises de fins de phrases masculines ou à des assentiments non justifiés. Grossièretés, propos violents, mises en dérision et subtilisation de sa parole imitée de façon ridicule par un animateur.* » Sur Skyrock.com, le réseau social qui regroupe 30 millions de blogs en Europe — la majorité en France —, on peut voir l'animatrice vedette de « Radio libre » filmée en vidéo en train de se déshabiller. Des photos suggestives figurent sur le site. Les commentaires postés, d'une violence inouïe, sont sans ambiguïté. Ou quand l'animatrice d'une radio rock est offerte en pâture comme le produit d'appel d'un site pornographique.

Pourtant, Pierre Bellanger, auditionné par la commission, est formel : « *Le rôle de cette libre expression directe radiophonique dans la formation de l'image des femmes est majeur et éminemment positif. L'émission de Difool est, en ce sens, une des émissions les plus féministes qui soient*[4]. » Rien que ça. Un conseil, écoutez. Ou quand la haine des femmes est érigée en concept de libre expression.

Malgré le CSA et ses condamnations régulières pour atteinte à la dignité de la personne, Skyrock, comme les autres, continuent à émettre sur la même ligne éditoriale. Mieux, les mises en demeure du CSA, relayées à l'antenne, renforcent ledit « concept » au nom de la lutte pour la liberté d'expression.

Constatant un déficit de communication avec les moins de 25 ans, le Service d'information du gouvernement, dirigé par

---

4. *Rapport sur l'image des femmes dans les médias*, Paris, La Documentation française, 2008.

Thierry Saussez, choisit, en janvier 2010, Skyrock.com pour combler cette lacune[5].

« Lolitalisation » de très jeunes filles

« *La super extra salope, la salope normale et la ringarde* ». C'est en ces trois catégories qu'un article du magazine *20 ans* classait les pratiques sexuelles supposées de ses lectrices. « *Bien entendu, il convient de se retrouver dans la case des salopes pour être moderne*[6]. »

Les jeux vidéo ne sont pas en reste. Outre l'ultrasexualisation de toutes les héroïnes, le rapport épingle notamment un jeu américain, GTA 4, qui s'adresserait aux plus de 18 ans. Il invite explicitement à forcer les femmes à des actes sexuels non désirés. Malgré son incitation au viol, ce jeu n'a pas été interdit.

Enfin, la pornographie. En juin 2008, dans une enquête réalisée sur 9 600 collégiens, 90 % disent avoir été traumatisés par une image sur le net[7]. Selon le bilan du CSA réalisé en 2005 dans le cadre de la protection de la jeunesse, 80 % des garçons et 45 % des filles de 14 à 18 ans ont vu un film X sur le net. Quant à la publicité, le bilan dressé par l'Autorité de régulation de publicité en 2007 est accablant : « *Atteintes diverses à la décence [...], instrumentalisation du corps féminin, "lolitalisation" de très jeunes filles dans des*

---

5. Dans une dépêche en date du 5 février 2010, l'AFP fait état de la condamnation en appel de Pierre Bellanger à trois ans de prison avec sursis et à 50 000 euros d'amende pour « *corruption de mineure* ». Il restera patron de Skyrock. Et, dans le bras de fer qui l'oppose à Axa, il reçoit des soutiens politiques de tous bords : Jack Lang prêt « *à descendre dans la rue pour éviter que Skyrock ne soit muselée* » ; François Hollande, radical : « *Une radio n'appartient pas seulement à ses actionnaires mais à ses auditeurs* » ; Jean-Luc Mélenchon, révolutionnaire, « *appelle les travailleurs de la station à fonder une coopérative ouvrière* » ; Benoît Hamon sera là aussi. La droite n'est pas en reste : Rama Yade sur Twitter assure Bellanger de son soutien inconditionnel, « *la liberté de ton n'étant pas à vendre* », Laurent Waukiez, Benjamin Lancar, patron de jeunes de l'UMP venu avec l'accord de Jean-François Copé ; Rachida Dati et Christine Boutin ont fait aussi le déplacement.
6. *Rapport sur l'image des femmes dans les médias, op. cit.*
7. Enquête menée par la société Calysto, agence spécialisée dans les usages d'internet et des nouvelles technologies d'information, *Rapport sur l'image des femmes dans les médias, op. cit.*

images qui fleurent la pédophilie, réduction d'un personnage à une fonction d'objet sexuel. »

La soirée Thema d'Arte du mercredi 29 septembre qui a diffusé *La cité du mâle* visait à démontrer que la haine des femmes était l'apanage des banlieues et des descendants d'immigrés[8]. Jamais l'instrumentalisation du féminisme à des fins racistes ne fut aussi décomplexée sur une chaîne publique.

Mais la réalité dit l'inverse. Le sexisme ultraviolent se porte très bien à tous les niveaux de la société, y compris au plus haut niveau de l'establishment. Très contesté dans les médias il y a peu, ce constat l'est moins depuis l'« affaire DSK » et que les langues se délient. *« Habillée comme ça, faut pas s'étonner de se faire violer.* » Non, vous n'êtes pas dans le 93, ou en banlieue marseillaise, mais à l'Assemblée nationale. Où le port de la jupe expose à de tels propos salaces que Chantal Jouanno, ministre des sports, avoue y avoir renoncé. *« Avec qui tu vas tirer un coup ? »*, s'entend dire une députée par un collègue si elle part prématurément. *« Je te donne ce document, si tu baises avec moi[9].* »

Non, vous n'êtes pas dans le 93 ou en banlieue marseillaise. Vous êtes toujours à l'Assemblée nationale.

La cité du mâle, grossière manipulation

Le 31 août 2010, *La cité du mâle* fut déprogrammée par Arte à la dernière minute, à la suite de l'intervention de la journaliste Nabila Laïb, qui avait participé à l'enquête, mais avait été écartée du montage. Elle dénonçait un bidouillage et une manipulation. Le film fut reprogrammé le 29 septembre 2010 par Arte. Une grande partie de la presse (*Libération*, 29 septembre 2010 ; *Le Nouvel Observateur,* 22 septembre 2010 ; *Télérama,* 25 septembre

---

8. Le Front national publie le 6 octobre 2010 sur son site un communiqué de Bruno Gollnisch se félicitant du programme d'Arte du 29 septembre 2010 « Femmes : pourquoi tant de haine ? » : « Violences faites aux femmes : quand les coutumes étrangères deviennent plus fortes que les lois françaises ».

9. *Le Parisien,* 30 mai 2011

2010 ; *Le Monde diplomatique,* 1er octobre 2010 ; *Les Inrocks,* 7 octobre 2010 ; *Marianne,* 29 septembre 2010 ; *Elle,* 19 septembre 2010, etc.) dénonça les grossières contre-vérités factuelles, un travail caricatural et peu sérieux. Des cinéastes et des monteurs regroupés dans l'Association des cinéastes documentaristes (Addoc) et la Société des réalisateurs de films (SRF) pointèrent « *la manipulation des témoins, les mensonges instillés par le montage et le commentaire* » (communiqué de presse du 13 décembre 2010, Addoc, SRF et Act Media Diffusion) et une volonté de stigmatiser de façon meurtrière les jeunes issus de l'immigration, propos récurrent chez Daniel Leconte, producteur du film, adepte du choc des civilisations, collaborateur de feu *Le Meilleur des mondes,* revue des néoconservateurs français.

Cher camarade[1]

Mademoiselle[2]

Dimanche dernier, devant la télévision, je suis tombée sur une interview de toi[3], cher camarade Benoît Hamon. La bouche en cœur, je t'ai vu ânonner ta leçon de féminisme tout frais. Le petit poing brandi, tu t'es insurgé contre le «*déferlement de propos sexistes*» déclenchés par l'«affaire DSK», propos tenus «*d'ailleurs parfois par des dirigeants de gauche*».

Je me suis mise à rire nerveusement. Dans ta croisade contre le sexisme tu as égratigné ceux qui «*auraient mieux fait de se taire*» plutôt que de proférer des propos sexistes, et dénoncé une «*forme d'impunité masculine*»... Tout y est passé, camarade, y compris la déclaration de Jack Lang, que tu as qualifié comme étant de «*très mauvais goût*[4]».

Tu as également déclaré fièrement avoir signé la pétition initiée par Osez le féminisme, pétition dénonçant «*l'impunité qui règne dans notre pays quant à l'expression publique d'un sexisme décomplexé*», et soulignant la «*confusion intolérable* [entretenue] *entre liberté sexuelle et violence faite aux femmes*».

Tu es le premier signataire à apparaître sur le site d'Osez le féminisme, en tant que responsable politique. Et vois-tu,

---

1. Article publié le 24 mai 2011.
1. Mademoiselle, du site *Les Entrailles de Mademoiselle* (http://blog.entrailles.fr entraillesdemademoiselle@gmail.com)..
2. BFM TV, reportage du 22 mai 2011 (www.dailymotion.com/video/xiuu m5_bfmtv-2012-le-reportage-benoit-hamon_news).
4. À propos de la décision de maintien en détention de DSK, Jack Lang a prononcé cette phrase: «*Alors qu'il n'y a pas mort d'homme, ne pas libérer quelqu'un qui verse une caution importante, ça ne se fait pratiquement jamais.*»

camarade, cela me chagrine de te découvrir en héraut de cette cause. Parce que, figure-toi, le 24 janvier dernier, ce que j'avais retenu de tes propos ne laissait en rien présager ton engagement actuel contre les propos sexistes. Je me souviens d'avoir lu ceci : « *Je n'ai pas vécu cette époque* [Mai 68], *mais les slogans étaient vraiment drôles. Il y avait un dessin sur un mur laissé par les fascistes avec marqué dessus "Gauchistes, vos femmes sont dégueulasses". Évidemment, un gauchiste était passé derrière. Il avait inscrit: "Et c'est pour ça que nous baisons les vôtres". Bon, c'est un peu sexiste, mais c'est très amusant quand même*[5]. »

Que le cul des femmes soit le trophée d'une petite guerre de tranchées entre « gauchistes » et « fascistes », c'est hilarant, en effet. Que les femmes soient des objets à conquérir, pénétrer, posséder, voler à leur « propriétaire », l'homme, qu'il soit « gauchiste » ou « fasciste », c'est tordant, en effet. Que les femmes soient rabaissées à l'état de trou, de jouet, de monnaie d'échange, quelle bonne blague ! Donner le sentiment que les femmes sont entrées dans l'histoire sans visage, sans cerveau, sans parole, mais avec leur cul, c'est désopilant !

Le lendemain de la parution de cette interview, je t'ai écrit un petit mail pour te faire part de mon agacement. Tu n'as pas daigné répondre, évidemment, mais maintenant que tu sembles avoir pris conscience de l'importance de toutes ces histoires de bonnes femmes, maintenant que tu ne sors plus sans ton tout nouveau féminisme sous le bras, peut-être comprendras-tu le sens de ce petit message, que je me permets de t'adresser à nouveau.

---

4. « Hamon rencontre Gang of Four », *Rue 89,* 24 janvier 2011, www.rue89.com/node/187193.

De: Les Entrailles de Mademoiselle entraillesdemademoi-selle@gmail.com
À: benoit.hamon@parti-socialiste.fr, 25 janvier 2011, 17h38
Objet: Rue89: «un peu sexiste, mais [...] très amusant quand même»

Cher camarade,

Un petit mail pour te venir en aide: il m'a semblé, après lecture de ton interview («Hamon rencontre Gang of Four»), en ligne sur *Rue89,* que tu n'avais retenu qu'un slogan de Mai 68, et pas le meilleur («Gauchistes, vos femmes sont dégueulasses». Évidemment un gauchiste était passé derrière. Il avait inscrit: «Et c'est pour ça que nous baisons les vôtres»).

Tu le reconnais, c'est «*un peu sexiste, mais* [...] *très amusant quand même.*» Tu le sais bien, «un peu sexiste, mais très amusant», c'est comme «un peu raciste, mais très amusant»: ça ne fait rire que l'homme ou le Blanc mais plus rarement la femme (en l'occurrence ici, la «baisée») ou le Noir/Arabe.

Comme je ne veux pas te laisser démuni lors d'une prochaine interview, je te conseille un petit recueil de slogans de 68. Tu vas voir, il y en a beaucoup, tu n'es pas obligé de citer les plus misogyne: http://fr.wikipedia.org/wiki/Mai_68_en_France.

Tu comprendras, camarade, j'en suis certaine, que je prenne le temps de t'écrire ce mail pour te faire part de mon indignation. Parce que, vois-tu, pour reprendre un slogan de 68, «céder un peu c'est capituler beaucoup». Il est d'ailleurs symptomatique que ce ne soit pas ce slogan-là qu'un socialiste ait retenu.

Cordialement,
La rédaction des Entrailles de Mademoiselle

Cher Camarade,

Tu vas me dire que je suis injuste. Tu n'es pas le seul à avoir proféré des propos «un peu sexistes». Mais te voir te pavaner en donnant des leçons aux autres à propos de leurs interventions sexistes, ça m'a fait rire jaune (une petite blague sur les «Jaunes»? Non? Sûr? Ça pourrait être «un peu» raciste, «mais très amusant quand même»?). Tu vois, j'ai trouvé ta petite leçon de choses à l'antenne dimanche gonflée et ridicule. Comme s'il suffisait, quand l'actualité l'impose d'une manière trop pressante, d'apprendre une petite fiche de synthèse «le féminisme pour les nuls», pour mieux l'oublier le lendemain.

J'aimerais, cher camarade, que tu ne nous prennes pas pour des dindes. Tu t'es senti autorisé, en ta qualité de porte-parole du PS, à citer une phrase sexiste sur un média comme *Rue 89*, à reconnaître son caractère sexiste, et à en rire. Et tu t'insurges quatre mois plus tard contre «*l'impunité qui règne dans notre pays quant à l'expression publique d'un sexisme décomplexé*», via la pétition d'Osez le féminisme? Ça, c'est drôle camarade. Un peu triste, mais très amusant quand même.

Vois-tu, une phrase ne peut pas être «un peu» sexiste, camarade: elle est sexiste ou elle ne l'est pas.

Se sentir autorisé à faire une blague un peu sexiste, se montrer un peu pressant, mettre un peu la main au cul d'une femme sans s'assurer qu'elle le veuille, payer un peu moins les femmes, en présenter un peu moins sur une liste électorale, les aider un peu pour les tâches domestiques, les taper un peu de temps en temps, les forcer un peu au lit, on pourrait un peu dire, mais pas trop fort camarade, le mot est banni au Parti socialiste, que tout cela a beaucoup à voir avec une histoire... d'oppression des femmes.

Et cette myriade de «un peu» accumulés, au final camarade, ça fait beaucoup. Beaucoup trop.

Tu remarqueras, cher camarade, puisque tu te penches à présent avidement sur les textes féministes (dieu soit loué!), que tous ces «un peu» ne sont en rien anecdotiques. Ils font système, camarade. Et tu y as un peu apporté ta pierre. Alors il ne faut pas s'étonner que je te la renvoie à présent, cette pierre, camarade.

Très cordialement.

Comment les notables sexistes creusent le retard français[1]

Natacha Henry[2]

Confortablement installé dans les médias, en finance et en politique, le notable sexiste entretient à l'encontre des femmes une domination à la fois de classe et de sexe. Dans ce contexte, si l'un des compères tangue, on l'aide à redresser sa barque. Que n'ont-ils pleuré quand ils ont vu leur camarade avec des menottes! Quelle solidarité! «Lui? Faire un truc pareil? Impossible. Je le connais depuis trente ans, impossible, vous dis-je!». À les lire et à les écouter, on aurait cru qu'il méritait au moins le prix Nobel de la paix. Ils disent que les féministes sont hystériques, ils ne se sont pas regardés.

Certes, d'aucuns s'étaient inquiétés de le voir partir pour l'Amérique. Parce qu'ils ne rigolent pas avec ça, ces puritains d'Américains. Il avait été prévenu: aux États-Unis, ils gardent la porte ouverte pour s'entretenir avec leur assistante et ils évitent de prendre l'ascenseur seul avec une collaboratrice. Pas question de donner une petite tape sur les fesses d'une stagiaire, ou de lever son verre en s'exclamant «À nos chevaux, à nos femmes et à ceux qui les montent» comme dans les dîners parisiens.

Face à la justice américaine, bloqués dans leur vision des rapports hommes/femmes, les notables et intellectuels sexistes français ont donc, comme un seul homme, nié le mot «viol». Et, contrairement à d'autres brillants, ils ont raté une occasion de pointer dans le scénario présenté, l'inégalité

---

1. Texte rédigé le 7 juin 2011.
2. Historienne et essayiste. Dernier ouvrage paru, *Frapper n'est pas aimer, enquête sur les violences conjugales en France*, Paris, Denoël, 2010.

sociale et genrée, vecteurs de violence. Du coup, ils ont lamentablement raté la modernité.

Les « lourds », les femmes n'en peuvent plus

Ce déni, cependant, tient à la force de l'habitude. Hexagonaux jusqu'au bout de leurs manchettes, ils ont toujours chanté qu'avoir les paroles et les mains baladeuses, ça faisait *French Lover*. C'est peut-être *French*, mais sûrement pas *Lover*, et les femmes le savent. Comme toute forme de pression sexiste, ce comportement «lourd» est la négation de ce que vaut l'autre, un mépris affirmé de l'égalité des sexes. Les jeunes filles et les femmes n'en peuvent plus de ce comportement, de ces notables qui renieraient le CAC 40 pour un bon mot, de ces intellectuels qui prônent les droits de l'Homme sans avoir rien compris à ceux des femmes. Mais jusqu'à ce que cette affaire, dans tout ce qu'elle a de sinistre et d'effroyable, soulève d'autres paramètres que le crime, dont cette fameuse «lourdeur», il était interdit d'en parler. Encore plus, de s'en plaindre. Ce comportement qui consiste pour un homme à signifier verbalement aux femmes qu'il les tient plus bas que soi, tout en faisant semblant de leur rendre un galant hommage, c'est le *paternalisme lubrique*[3] : il est plus âgé, plus riche, il s'autorise des remarques dites « déplacées ». Ainsi, il conforte son appartenance à la caste de ceux qui peuvent se le permettre. Le terme *paternalisme* date de 1894 : en pleine révolution industrielle, il désigne d'abord «*la conception patriarcale ou paternelle du rôle du chef d'entreprise*» mais aussi «*une tendance à imposer un contrôle, une domination, sous couvert de protection*[4]». Ajouter lubrique que l'on trouve depuis 1450 : «*glissant, mobile, trompeur, qui manifeste un penchant effréné pour la luxure*».

Un poste prestigieux permet au paternaliste lubrique de bénéficier de l'immunité sociale comme d'autres de l'immunité

---

3. J'ai créé cette expression la toute première fois dans un ouvrage collectif *Dites-le avec des femmes. Le sexisme ordinaire dans les médias*, Paris, CFD/AFJ, 1999, avant d'en faire un livre, *Les mecs lourds ou le paternalisme lubrique*, Paris, Gender Company, 2011 (nouvelle édition).
4. *Le Petit Robert*.

diplomatique. Au bureau, en réunion, en interview, à une stagiaire, une assistante, une collaboratrice, il commence ses
phrases par « *Ma belle, ma mignonne, mon lapin, ma petite,
ma chérie…* ». Et ponctue comme ceci : « *Il a de la chance,
votre mari, vous êtes mariée ?* », « *C'est joli cette jupe, je la
verrais bien plus courte* », « *Avec des yeux comme ça, je ne
peux rien vous refuser* ». Ou pire, bien sûr. Même si elles
sourient en silence, si « *elles se représentent souvent le harcèlement (commentaires sexuels, remarques suggestives,
regards obscènes) comme un échange de plaisanteries grâce
auxquelles elles vont pouvoir obtenir une reconnaissance
en tant que collègues* [5] », les femmes ne s'en réjouissent
jamais.

S'il voulait véritablement déclencher une opération charme,
il s'y prendrait autrement, puisqu'il connaît, en principe, les
bonnes manières. Quelques femmes de pouvoir se sont, elles
aussi, empressées de défendre la « *drague insistante* », y
voyant un attribut social positif, comme de tenir une porte
ou de savoir choisir un millésime. Avec elles, qui sont leurs
égales en âge et en rang, il n'est pas « lourd », il est « charmant ». Heureusement que d'autres, haut placées comme on
dit, ont rapporté les commentaires au ras des pâquerettes, les
regards priapiques, les sifflements. À noter, un grand groupe
du BTP a récemment demandé aux ouvriers sur les chantiers
de ne plus siffler les passantes. Suggérons au président de
l'Assemblée nationale de prendre la même mesure.

Ces manœuvres sont extrêmement répandues chez les
hommes de pouvoir (même de petit pouvoir). Demandez aux
assistantes parlementaires ! Demandez aux serveuses ! Et si
telle journaliste se sent mal pendant une interview avec tel
politicien ou tel comédien, c'est qu'elle sait bien, elle, qu'il
n'est pas dans un galant badinage. Elle sait qu'il lui colle un
poids dans le ventre, qu'il lui glisse entre les dents, « tu as
vu comme je suis fort ». Elle sait aussi qu'elle ne peut pas
répondre, même quand les remarques deviennent salaces.

---

5. Helen Mott & Susan Condor, *The Working Lives of Secretaries*, in Alison
M. Thomas & Celia Kitzinger (ed.), *Sexual Harassment, Contemporary
Feminist Perspectives*, Buckingham, Open University Press, 1997.

Si elle bronche, elle perd des points, peut se retrouver exclue de l'avancement hiérarchique, voire virée en cas de contrat précaire. Le paternalisme lubrique, c'est un pilier central du plafond de verre. Cependant, comme notre homme est éduqué, il sait que ce côté « limite-limite » comme disent parfois les femmes, ne le met pas hors la loi. Car voici le Code pénal (article 222-33) : « *Le fait de harceler autrui dans le but d'obtenir des faveurs de nature sexuelle est puni d'un an d'emprisonnement et de 15 000 euros d'amende.* » Harceler ? Pas vraiment. Obtenir des faveurs sexuelles ? Non plus. Dans le cas du paternalisme lubrique, la loi contre le harcèlement sexuel ne peut pas grand-chose (ce qui ne serait pas le cas aux États-Unis). Mais un jour, il faudra changer d'ambiance.

Leur boycott antiféministe

L'affaire est donc bien verrouillée. Pour mieux construire un monde d'hommes, ils ont aussi décidé qu'une femme de convictions et de revendications perdait en féminité, ce qui semble constituer un crime de lèse-majesté. Notre notable sexiste sait quand même gré au féminisme sur deux points : il a pu s'envoyer en l'air librement et il a pu envoyer sa fille à HEC parce que les grandes écoles sont enfin mixtes.

Mais contrairement à nombre d'intellectuels anglo-saxons, et quelques-uns en France, il n'a pas intégré les questions de genre à sa culture politique. Il clame même que les féministes sont « mal baisées » et sans humour, c'est dire qu'il n'y connaît rien. Comme disait Olympe de Gouges, auteure en 1791 de la *Déclaration des droits de la femme et de la citoyenne* : « *Les Merveilleux de la cour crièrent à l'audace et prétendirent qu'il valait mieux que je fasse l'amour que des livres ; j'aurais pu les en croire s'ils avaient été en état de me le persuader.* » S'il était moins vaniteux, il ne dirait pas non plus que les féministes victimisent les femmes. Il respecterait la pertinence toute contemporaine de ce mouvement de terrain et de pensée, qui change les lois, améliore la liberté et sauve des vies. Tiens, examinons cette scène : une femme de chambre entre dans une suite ; un homme de pouvoir fond sur elle, et l'enfer se déclenche. Question : selon vous, qui fait de cette femme, une victime ?

L'excuse des pulsions

Mais leur grande alliée, c'est la « pulsion ». La théorie de la pulsion justifie ceci : le corps masculin a le droit biologique de perdre tous ses repères humains, démocratiques, courtois. Tant pis si la vie d'une femme est en jeu, la « pulsion » vient au secours du crime. Ainsi certains médias écrivent quand un homme assassine sa compagne ou son ex-compagne : « *c'est un drame de la passion* », « *un amoureux éconduit* ». On se souvient du soutien officiel apporté au rappeur qui menaçait dans une chanson de « *marie-trintigner* » son ex-petite amie. Le ministre de la culture, Frédéric Mitterrand, le comparait à Rimbaud et assénait : « *Ce qui est certain c'est que c'est beaucoup d'agitation pour rien et qu'il a le droit tout à fait légitime de composer sa chanson et de la chanter où il veut*[6]. » Ce qui est certain aussi, c'est qu'en 2003, les quatre enfants de Marie Trintignant ont perdu leur mère sous les coups acharnés de son compagnon, comme environ trois cents enfants chaque année en France.

Et question viol, vous voilà prévenue : les hommes – certains plus que d'autres – ont « des désirs ». Les tentatrices n'ont qu'à bien se tenir (et se tenir bien) car ce n'est pas de leur faute, à eux. Ces temps-ci, le notable sexiste prône d'ailleurs un remède à cette pseudo-sexualité particulière aux hommes : la « réouverture » des maisons closes. Nostalgique du temps d'avant la loi Marthe Richard qui les interdit en 1946, il se verrait bien choisissant telle jeune Albanaise ou bien une Guinéenne, ou encore les deux, pour disparaître avec elle(s) dans une chambre. Ce qui compte, c'est encore et toujours son droit d'accès.

Avec le viol, un crime passible des Assises et de vingt ans de prison, ils nous servent également l'argument des « pulsions ». Ainsi le député UMP Éric Raoult, sur LCI : « *Les viols et les tournantes ne se passent pas par moins 30 °C mais*

---

6. *20 minutes,* 15 juillet 2009.

surtout quand il fait chaud et quand un certain nombre de petites jeunes filles ont pu laisser croire des choses[7]. »

Et à propos du Sofitel de Times Square, on a entendu : « *Une femme de chambre n'a pas à entrer dans une suite dont le client n'a pas fait son check out, surtout une suite à ce prix.* » Car parfois, sa chair étant faible, il attrape une fourmi et la gobe. Ils ont du mal à reconnaître le « viol », un terme qu'ils réservent à ce qu'ils appellent « zones sensibles ». C'est intéressant, car celui qui viole dans une cité « sensible » bénéficie exactement de la même solidarité de la part de ses pairs : déni, doute, rejet de la faute sur la victime. Cette affaire montre que la suite d'un grand hôtel peut être zone sensible, elle aussi. Car, ne leur en déplaise, il y en a, des plaintes déposées dans les commissariats de police des beaux quartiers, et des soirées chics où l'on mélange vodka et Red Bull pour saouler les filles, quand on ne lui ajoute pas « la drogue du viol », le GHB amnésiant, qu'eux appellent « pilule de l'amour ». Il y en a, des femmes et des hommes, qui ont été abîmé·es dans les meilleures maisons, où, soi-disant, rien ne manque.

Mais sur tout cela, ils ferment les yeux. Alors que vaut pour eux la vie d'une employée courbée dans une chambre d'hôtel, à changer leurs draps, à récurer leur baignoire, à vider leurs poubelles ? La jeune femme bafouille : « *Ça s'est passé comme ça, je n'étais pas d'accord.* » On l'écoute et l'on déclenche une procédure qui consiste pour commencer à retarder le décollage d'un avion Air France et à récupérer le suspect en première classe. Il a beau être qui il a réussi à devenir, sa puissance s'arrête là. C'est ça, l'extraordinaire modernité de l'égalité des sexes : tenter de construire un monde juste. Il est grand temps en France que les notables et autres intellectuels sexistes, rejoignent cette modernité. Au lieu de toujours traîner en arrière, à causer un mal fou.

---

7. 15 juin 2006.

Ma réponse aux défenseurs trop zélés de DSK[1]

Titiou Lecoq[2]

Dominique Strauss-Kahn est présumé innocent. Ses amis sont émus, ce qui se comprend bien. Mais ce n'est pas pour autant qu'ils peuvent raconter n'importe quoi.

Parmi les défenseurs de DSK, Bernard-Henri Lévy s'est particulièrement illustré. Chez lui, la frontière entre la déclaration d'amitié indéfectible et le tissu d'inepties outrancières semble singulièrement poreuse, comme il l'a démontré avec un certain brio dans un texte posté le 16 mai sur son bloc-notes (soit deux jours après l'arrestation de Dominique Strauss-Kahn). Certes, il est celui dont les interventions ont été les plus aberrantes, avant qu'il ne revienne à un peu plus de retenue. Pour autant, le fond de son discours se retrouve chez tous les proches de Dominique Strauss-Kahn qui occupent actuellement la scène médiatique et nous martèlent les mêmes éléments de langage.

Ce n'est pas l'homme que je connais

« Le Strauss-Kahn que je connais, le Strauss-Kahn dont je suis l'ami depuis vingt-cinq ans et dont je resterai l'ami, ne ressemble pas au monstre, à la bête insatiable et maléfique, à l'homme des cavernes, que l'on nous décrit désormais un peu partout : séducteur, sûrement ; charmeur, ami des femmes et, d'abord, de la sienne, naturellement ; mais ce personnage brutal et violent, cet animal sauvage, ce primate,

---

1. Article paru sur *Slate.fr* le 18 mai 2011.
2. Journaliste pour le site *Slate.fr*, blogueuse sur *girlsandgeeks.com* et heureuse auteure d'un premier roman, *Les Morues*, Vauvert, Le Diable Vauvert, 2011.

bien évidemment non, c'est absurde », Bernard-Heny Lévy sur son blog.

« *Surtout, cette affaire ne ressemble en rien à DSK, l'homme que nous connaissons tous* », Jean-Marie Le Guen, France Inter le 16 mai 2011.

« *Je n'ai jamais senti chez lui de violence, je ne le crois pas capable de forcer les choses* », Pierre Moscovici.

« *Je n'ai pas eu vent de ragot ou de rumeur de ce genre* », Jack Lang, en direct au JT de 20 heures de France 2 du 16 mai 2011.

Je ne connais pas Dominique Strauss-Kahn, mais je suis extrêmement surprise de découvrir que son entourage n'avait jamais entendu parler d'une possible attitude pressante et agressive de sa part envers des femmes. Ah oui ? Vraiment ? Je ne peux en aucune façon mettre en doute leur bonne foi. Je me dis seulement que les journalistes sont vraiment des salauds de ne pas avoir prévenu l'entourage de DSK des histoires qui circulent depuis plusieurs années à propos de son attitude envers les femmes. Et j'en porte moi-même la responsabilité.

Il y a quelques mois, j'avais proposé un papier sur ces rumeurs. Il n'y avait pas eu d'éléments nouveaux, mais il s'agissait de se demander si on pouvait élire président de la République un homme sur lequel pèsent de tels soupçons. Dès 2006, Christophe Deloire et Christophe Dubois avaient évoqué les rumeurs et le « problème DSK » dans leur livre *Sexus politicus*[3]. En 2007, le journaliste Jean Quatremer avait écrit sur son blog : « *Le seul vrai problème de Strauss-Kahn est son rapport aux femmes. Trop pressant, il frôle souvent le harcèlement. Un travers connu des médias, mais dont personne ne parle (on est en France).* »

Il évoquait ainsi des rumeurs certes connues par les journalistes mais également le silence qui les entourait. Silence dont la meilleure preuve est d'ailleurs que je n'ai jamais fait cet article. Aucunement à cause du respect de la vie privée.

---

3. Christophe Deloire & Christophe Dubois, *Sexus politicus,* Paris, Albin Michel, 2006.

Simplement parce que toutes les histoires qu'on peut entendre de femmes qui se plaignent de l'attitude « *pressante* » de DSK sont généralement des *off* (elles ne veulent pas que l'on cite leur nom ou que l'on puisse les reconnaître).

Il y avait bien eu la lettre de Piroska Nagy, avec qui DSK avait eu une liaison au FMI, et qui avait écrit aux enquêteurs : « *M. Strauss-Kahn a abusé de sa position pour entrer en relation avec moi.* [...] *Je crains que cet homme* [DSK] *n'ait un problème qui, peut-être, le rend peu apte à diriger une organisation où travailleraient des femmes.* »

Mais aucune femme n'a jamais déposé de plainte. Ainsi de Tristane Banon, qui a raconté en 2007 sur la chaîne Paris Première comment elle s'était battue avec Dominique Strauss-Kahn (les faits auraient eu lieu en 2002) et surtout comment elle avait abandonné l'idée de le poursuivre en justice[4]. Et je la comprends. Personne ne veut être à vie la nana qui a accusé DSK d'agression. D'autant que dans la plupart des rumeurs, on n'est pas dans des cas de viols, mais dans ces moments troubles, face à une attitude physiquement très pressante, voire agressive, mais dont on a du mal à évaluer la gravité.

Aurélie Filippetti, la porte-parole du Parti socialiste à l'Assemblée nationale, avait parlé d'une drague « *très lourde, très appuyée* » ajoutant : « [Depuis] *je me suis arrangée pour ne pas me retrouver seule avec lui dans un endroit fermé*[5]. »

Je pense qu'à la place de ces femmes, en mesurant la somme d'emmerdes à la clé, j'aurais fait pareil, je me serais contentée de parler en *off*. Ce qui, évidemment, conforte certains hommes dans un sentiment d'impunité.

Il reste tout de même extrêmement étonnant que les amis de DSK qui se répandent en propos stupéfaits ces derniers jours n'aient, eux, jamais entendu parler auparavant du « problème DSK ». Comment ces histoires ont-elles pu ne jamais arriver aux oreilles d'un homme comme Jack Lang ?

---

4. Aucune plainte, jusqu'à ce jour de juillet 2011 où Tristane Banon a déposé plainte pour « tentative de viol ».
5. *Le Temps,* 29 octobre 2008.

C'est un séducteur

C'est la suite logique du « ce n'est pas l'homme que je connais ». L'homme que je connais est un séducteur, l'ami des femmes, il les aime. À la limite, c'est un chaud lapin – autant de propos qui se veulent plutôt positifs, ou du moins indulgents. Et c'est sans doute l'image qu'avaient retenue la majorité des Français. DSK est un « *queutard*», comme l'avait balancé Stéphane Guillon dans une de ses chroniques sur France Inter en 2009. Cette réputation de « *chaudard*», c'est encore celle qu'évoquent ses défenseurs pour introduire un doute sur son éventuelle culpabilité.

Jack Lang (toujours au JT, il était très inspiré ce soir-là) : « *C'est un homme qui n'est pas insensible au charme des femmes mais est-ce un crime ?* » Christine Boutin : « *On sait qu'il est assez vigoureux, si je puis m'exprimer ainsi, mais qu'il se fasse prendre comme ça me semble ahurissant.* »

C'est peut-être là que les journalistes auraient dû lever une ambiguïté. Parce qu'un comportement proche du harcèlement, c'est très différent d'un « *queutard*». Le queutard s'enchaîne simplement les nanas au kilomètre. Son comportement n'entraîne pas un sentiment de malaise comme celui dont témoignait Tristane Banon.

L'opposition femme contre femme

L'épouse

« *Ce que je sais c'est que rien, aucune loi au monde, ne devrait permettre qu'une autre femme, sa femme, admirable d'amour et de courage, soit, elle aussi, exposée aux salaceries d'une opinion ivre de* storytelling *et d'on ne sait quelle obscure vengeance*», BHL (sur son bloc-notes).

Le procédé qui consiste de façon implicite à opposer la femme légitime, sorte de mère courage, aux prétendues victimes est odieux.

L'opportuniste

« *Cette autre jeune femme, française celle-là, qui prétend avoir été victime d'une tentative de viol du même genre ; qui s'est tue pendant huit ans ; mais qui, sentant l'aubaine, ressort*

son vieux dossier et vient le vendre sur les plateaux télé»,
BHL (à nouveau sur son bloc-notes). Si Tristane Banon n'a
pas porté plainte, c'est évidemment qu'il ne s'est rien passé
de grave. Cher BHL, je vous renvoie à une étude de 2007
qui indique qu'en France, moins de 25 % des victimes de
violences sexuelles (violences hors du cadre conjugal) portent
plainte. On imagine que dans le cas d'un agresseur ayant un
certain statut social et médiatique, le chiffre diminue encore.
En l'occurrence, la position d'un homme comme Dominique
Strauss-Kahn, loin d'en faire une victime de dénonciations
calomnieuses comme le dit BHL, tendrait plutôt à le protéger
en dissuadant d'éventuelles victimes de porter plainte.

L'effarouchée

Concernant la femme de ménage, il y a le vague *a priori*
sur les États-Unis, où les femmes porteraient plainte à tout
bout de champ pour rien du tout. C'est le mythe de l'homme
américain qui n'ose même plus prendre l'ascenseur avec une
femme. Il est possible que les Américaines dénoncent plus
facilement les agressions sexuelles que les Françaises. En
l'occurrence, quand on accuse quelqu'un d'avoir essayé de
fourrer de force son sexe dans la bouche d'une femme, j'ai
tendance à penser qu'on n'est pas dans le travers procédurier
pour une broutille.

L'honneur de la France souillé

L'argument selon lequel la vraie victime, c'est elle, la
France, est utilisé des deux côtés.

Par des adversaires de DSK, comme Bernard Debré sur
son blog le 15 mai 2011 : «*Mais trop c'est trop, vous avez
humilié la France! Vous l'avez ridiculisée.*» Ou Nathalie
Kosciusko-Morizet (sur Canal + le 16 mai 2011) : «*En plus
de la victime présumée, la femme de chambre, il y a une
victime avérée, c'est la France.*»

Mais aussi par ses défenseurs. Ainsi, BHL : «*La France
dont il est, depuis tant d'années, l'un des serviteurs les
plus dévoués et les plus compétents.*» Ou Jack Lang : «*Ça
donne l'impression qu'on a envie de se payer un Français
célèbre.*»

C'est une mise à mort médiatique

Les défenseurs de DSK parlent avant tout du choc des images. Manuel Valls les qualifie d'«*une cruauté insoutenable*». Jean-Paul Huchon s'est dit «*choqué par la violence du réquisitoire*» contre DSK et «*[les] images qui sont présentées*». Robert Badinter sur France Inter le 17 mai 2011 : «*Vous avez assisté à une véritable mise à mort médiatique délibérée*», avant de carrément remettre en cause le fonctionnement de la justice américaine.

Mais de quel lynchage médiatique parle-t-on ? Si le *New York Daily News* a fait sa une sur «*Le Perv*», les médias français sont restés plutôt très prudents. L'universitaire, spécialiste de l'analyse des images, André Gunthert a dressé sur son blog *Culture visuelle* une revue des couvertures des journaux dont il ressort qu'ils présentent majoritairement des images d'un homme blessé plutôt que d'un homme suspecté de tentative de viol.

Quant aux adversaires politiques, jusqu'à maintenant, ils la jouent profil bas et le moins qu'on puisse dire c'est que les défenseurs de DSK sont omniprésents dans les médias.

La question n'est-elle pas plutôt pourquoi on n'en a pas parlé avant ? Pourquoi DSK a bénéficié d'autant indulgence ? Si en France on entend parler de lynchage médiatique, aux États-Unis, on s'interroge plutôt sur la loi du silence qui prévaut chez nous.

C'est une catastrophe pour la gauche

«*La gauche qui, si Strauss-Kahn venait à s'éclipser, perdrait son champion*», Bernard-Henri Lévy. Sauf que la candidature d'un homme dont on soupçonnait qu'il traînait des casseroles posait un véritable problème. Ces scandales, vrais ou faux, allaient forcément être évoqués à un moment ou un autre, jetant les programmes politiques aux orties, avec l'eau du bain et mamie. Il aurait été nettement plus catastrophique pour la gauche qu'une affaire de ce type éclate après la désignation de DSK comme candidat officiel.

Ce qui pourrait être réellement désastreux, c'est l'impression actuelle d'une caste qui se soude comme s'il était inadmissible qu'on touche à l'un des leurs. Elle rappelle l'affaire Polanski.

Le sous-texte de BHL

Dans le texte qu'il a posté sur blog, Bernard-Henri Lévy fait des références littéraires un peu gonflantes dans la mesure où elles induisent des parallèles douteux avec d'autres affaires. Ainsi : « *Ce que je sais c'est que rien au monde n'autorise à ce qu'un homme soit ainsi jeté aux chiens* », est clairement une reprise de la déclaration de François Mitterrand après le suicide de Pierre Bérégovoy : « *Toutes les explications du monde ne justifieront pas que l'on ait pu livrer aux chiens l'honneur d'un homme.* » Et, évidemment, l'anaphore à la Zola. Seulement voilà, de « j'accuse » à « j'en veux à », la différence n'est pas que sémantique. Ces trois affaires, Bérégovoy, Dreyfus, DSK n'ont rien à voir. Mais on comprend bien qu'il s'agit là de hisser Dominique Strauss-Kahn au rang de victime, voire de martyr.

Quelle que soit l'issue judiciaire de cette affaire, Dominique Strauss-Kahn n'est pas le capitaine Dreyfus.

Les informulés d'une rhétorique sexiste[1]

Mona Chollet[2]

Souligner la respectabilité de l'accusé, l'importance du personnage, l'étendue de son pouvoir, ses innombrables qualités, et lui chercher toutes les excuses possibles ; entourer la victime d'un soupçon systématique, l'accabler de reproches, lui prêter des intentions machiavéliques… Dès l'inculpation de Dominique Strauss-Kahn, on a vu ressurgir, en France, les réflexes et les grilles de lecture archaïques qui dominent invariablement dans ce genre de mises en cause. « *Nous ne savons pas ce qui s'est passé à New York samedi 14 mai, mais nous savons ce qui se passe en France depuis une semaine* », dit la pétition lancée le 21 mai par les associations Osez le féminisme, La Barbe et Paroles de femmes[3].

Comme lors de l'arrestation en Suisse, à l'automne 2009, du cinéaste Roman Polanski, recherché par la justice américaine pour le viol d'une adolescente en 1977, un paramètre semble se dérober avec une remarquable constance à l'entendement des commentateurs : celui du consentement féminin. On entend parler, à nouveau, d'« affaire de mœurs ». L'épouse de Strauss-Kahn, Anne Sinclair, est assimilée à une « *femme trompée* » (*France-Soir*, 19 mai 2011). Le thème du « puritanisme américain[4] », quoique résolument hors sujet s'agissant d'une accusation de viol, fait son grand retour :

---

1. Article publié sur le site du *Monde diplomatique,* www.monde-diplomatique.fr, 23 mai 2011.
2. Journaliste au *Monde diplomatique,* coauteure du site *Peripheries.net.*
3. « Sexisme : ils se lâchent, les femmes trinquent », *Osezlefeminisme.fr,* 21 mai 2011.
4. Sur ce sujet, voir Éric Fassin, « Le scandale sexuel fait moins la politique aux États-Unis », *Le Monde*, 16 mai 2011.

« *L'homme de Washington est rattrapé au sein même du FMI par cette fameuse "culture anglo-saxonne" qu'en France on tient parfois pour de la pudibonderie*», analyse *Le Nouvel Observateur* (18 mai). Le député socialiste Jean-Marie Le Guen met en garde contre toute contamination : il invoque « *l'esprit des Lumières et l'exemple des libertins*» qui ont « *lié étroitement la liberté politique, économique et celles de mœurs, ce qui a permis la paix et l'émancipation des individus*» (*Le Monde*, 21 mai).

Si la question du consentement n'était pas ainsi éludée, le débat fleuve dans lequel se sont lancés les médias sur le thème : «Fallait-il évoquer les rumeurs qui circulaient ?» aurait été tranché assez vite, ou n'aurait même pas été entamé. Il a donné aux journalistes l'occasion de réitérer toute l'horreur que leur inspire l'idée de tomber dans la «presse de caniveau» en évoquant la «vie privée» ou les «infidélités» des hommes politiques. Nicolas Demorand offre sa poitrine aux flèches de la persécution (18 mai 2011) : « *Quitte à ramer à contre-courant de l'époque et contrairement aux injonctions entendues ici et là,* Libération *continuera, premier principe, à respecter la vie privée des hommes et des femmes politiques.* » *Le Canard enchaîné* clame le même jour que, pour lui, « *l'information s'arrête toujours à la porte de la chambre à coucher*». Or, dans le cas de DSK, les rumeurs n'évoquaient pas simplement un «séducteur», même «compulsif», mais un homme «lourd[5]» ou «insistant», c'est-à-dire incapable d'entendre un refus et d'en prendre acte. Cette attitude créait autour de lui un climat qui débordait largement le cadre de sa «vie privée». Des journalistes de sexe féminin redoutaient ou refusaient d'aller l'interviewer. Au FMI, « *la consigne était de ne jamais le laisser seul avec une femme dans un bureau*» *(Le Nouvel Observateur,* 19 mai). Certaines de ses consœurs en politique devaient elles aussi veiller, comme en a témoigné Aurélie Filippetti, à « *ne pas se retrouver seules avec lui dans un endroit fermé*». Mais, face au «droit à la vie privée» des

5. Lire Natacha Henry, *Les mecs lourds ou le paternalisme lubrique*, Paris, Robert Laffont, 2003.

hommes politiques, que vaut le droit des femmes à évoluer dans un environnement où elles ne sont pas réduites au statut d'objet sexuel dépourvu de libre arbitre ?

« *Est-ce qu'une journaliste qui, par exemple, interviewant DSK et l'ayant trouvé un peu lourd dans sa façon de tenter sa chance, aurait dû dire à ses lecteurs : "DSK m'a draguée" ? Poser la question dans un pays latin, c'est y répondre. Non, bien sûr* », décrète l'éditorialiste de France Inter Thomas Legrand, le 18 mai. Il est seulement regrettable que le charme latin passe si mal les frontières. Et que certaines femelles autochtones elles-mêmes y demeurent insensibles. En 2000, la journaliste du *Monde* Sylvie Kerviel avait jugé digne d'intérêt de raconter le déroulement de son entretien avec Bruno Gaccio, l'un des auteurs des « Guignols de l'info » de Canal + : « *Il pose son index juste entre mes seins et me dit : "Je peux t'apprendre des positions que tu ne connais pas"*[6]. » Car, dans son infini raffinement, le *French Lover* est volontiers contorsionniste.

Un corps féminin est un objet public

Dans le cas Polanski, Alain Finkielkraut avait souligné – sur France Inter, le 9 octobre 2009 – que la victime « *n'était pas une fillette, une petite fille, une enfant, au moment des faits* », comme si une jeune fille pubère ou une femme adulte ne pouvait pas faire l'objet d'un viol. S'entendant rappeler l'âge de la victime (13 ans), le cinéaste Costa-Gavras, pour sa part, avait eu ce cri du cœur : « *Mais elle en fait 25*[7] ! » L'indifférence à la réciprocité du désir traduit la conviction généralisée qu'une femme, avant d'être un individu doté d'une subjectivité, est un corps offert aux regards, aux jugements esthétiques, à la convoitise : pour elle, pas de « droit à la vie privée ». L'accusatrice de Dominique Strauss-Kahn est ainsi ramenée au cliché érotique dépersonnalisant de la « soubrette ». L'ancien journaliste Jean-François Kahn s'est illustré en parlant de « *troussage de domestique* » (France Culture, 16 mai).

---

6. *Le Monde*, 13 février 2000.
7. Europe 1, 28 septembre 2009.

On attend la photo de Nafissatou Diallo avec fébrilité : RMC (16 mai) croit savoir que les avocats de l'accusé « *auraient été surpris, lors de la comparution, de voir arriver une jeune femme très peu séduisante* », tandis que *Le Parisien* du même jour rapporte qu'elle a « *de gros seins et de jolies fesses* », l'une et l'autre hypothèses étant susceptibles de la décrédibiliser. On retrouve cette distinction sexiste entre les femmes « baisables » et les autres — qui n'auraient pas l'honneur d'éveiller les instincts du prédateur — dans le billet fameux de l'humoriste Stéphane Guillon sur Dominique Strauss-Kahn, en février 2009 sur France Inter[8], ou encore dans un sketch des « Guignols de l'info » sur l'affaire de New York (16 mai).

Dès lors qu'un corps féminin est par définition un objet public, existant avant tout pour autrui, la gravité d'un viol, l'infraction qu'il représente, ont du mal à s'imposer dans les esprits. D'autant plus lorsque la victime exerce un métier lié à ce statut féminin (mannequin, prostituée) : Finkielkraut avait insisté sur le fait que la jeune fille dont Roman Polanski avait abusé était « *une adolescente qui posait dénudée pour* Vogue Homme », comme si cela changeait quelque chose. Dans l'« affaire Strauss-Kahn », l'ancien ministre de la culture socialiste Jack Lang a choqué en estimant qu'il n'y avait « *pas mort d'homme* » (France 2, 16 mai). Pour entendre parler de « *droit de cuissage* » dans un éditorial, il faut lire... *Le Quotidien d'Oran*[9].

Dans un curieux renversement des rôles, les agresseurs, avérés ou présumés, sont présentés comme de petites choses sans défense à qui on a tendu un traquenard. Roman Polanski avait été « *pris au piège* » lors de son arrestation en Suisse, selon le ministre de la culture Frédéric Mitterrand (communiqué du 27 septembre 2009). *Le Nouvel Observateur* (1er octobre 2009), sous le titre « Qui en veut à Roman Polanski ? », résumait ainsi les faits : « *La mère, une actrice en mal de rôles, a laissé volontairement sa fille seule avec*

---

8. Guillon avait fait retentir une sirène d'alarme ordonnant l'évacuation du personnel féminin de la station avant l'arrivée de DSK dans ses locaux.
9. « Le cauchemar de la femme de chambre », repris par *Courrier international*, 19 mai 2011.

Polanski, pour une série de photos. Le cinéaste, qui a la réputation d'aimer les jeunes filles, ne résiste pas. » Costa-Gavras dépeignait le milieu corrupteur dans lequel le pauvre homme était plongé : «*À Hollywood, les metteurs en scène, les producteurs sont entourés de très beaux jeunes hommes, de très belles jeunes femmes, qui sont grands, blonds, bien bronzés, et prêts à tout.* » On en frémit pour eux. De même, Christine Boutin, ancienne ministre du logement, pense qu'«*on a tendu un piège à Dominique Strauss-Kahn et qu'il y est tombé*».

Empathie à géométrie variable

Spontanément, c'est à l'accusé que l'on s'identifie. Durant la courte détention de DSK au pénitencier de Rikers Island, le mensuel *Capital* explique sur son site la procédure à suivre pour lui faire un don et l'aider ainsi à « *cantiner*[10] ». On scrute sa psychologie, discutant l'hypothèse d'un « *acte manqué* ». Le psychanalyste Serge Hefez, dans *Le Monde* (19 mai), identifie chez lui une « *ambivalence fondamentale entre la volonté de construire, d'aimer, de devenir et celle plus sournoise de renouer avec le pulsionnel, l'infantile, l'inanimé* ». À l'inverse, la psychologie de la victime est traitée avec une totale désinvolture. On soupçonne Nafissatou Diallo de rechercher la notoriété, comme s'il y avait quoi que ce soit d'enviable dans son sort, alors que les avocats de celui qu'elle accuse, réputés pour avoir toujours tiré d'affaire leurs clients célèbres, s'apprêtent à ruiner sa vie pour exhumer chaque détail de son passé susceptible d'être retenu contre elle.

Les défenseurs de Roman Polanski – le plus ardent étant, déjà, Bernard-Henri Lévy – allaient répétant que la victime elle-même demandait l'abandon des poursuites (Finkielkraut : «*La plaignante, qui a retiré sa plainte, qui n'a jamais voulu de procès public, qui a obtenu réparation…*»). Or cette demande ne traduisait rien d'autre que l'épuisement de Samantha Geimer face à ce genre de notoriété, justement. Cela n'empêche pas les amis de DSK de pratiquer le même genre de ventriloquie avec Piroska Nagy, l'économiste

---

10. « Faire un don à DSK dans sa cellule de Rikers Island : mode d'emploi », *Capital.fr*, 19 mai 2011.

hongroise avec qui il a eu une liaison au FMI : il a été blanchi de l'accusation d'avoir abusé de sa position dans cette affaire, rappellent-ils. Sa subordonnée avait pourtant écrit dans une lettre aux enquêteurs : « *Je n'étais pas préparée aux avances du directeur général du FMI. […] J'avais le sentiment que j'étais perdante si j'acceptais, et perdante si je refusais. […] Je crains que cet homme n'ait un problème qui, peut-être, le rend peu apte à diriger une organisation où travailleraient des femmes*[11]. » Un témoignage brut de passion brûlante, comme on voit.

Personne ne semble avoir entendu parler de la difficulté des victimes d'agressions sexuelles à porter plainte, pourtant prise en compte par le législateur à travers le délai de prescription[12]. Tristane Banon, la journaliste française qui accuse elle aussi DSK d'avoir tenté de la violer, dit y avoir renoncé pour ne pas « *rester à vie celle qui avait eu un problème avec un homme politique* », et parce que – ironie – elle ne voulait pas qu'on la soupçonne d'« *avoir voulu se faire de la pub*[13] ». En outre, sa mère l'en avait dissuadée, les deux familles étant liées. *Le Canard enchaîné* ne voit rien de problématique dans les « *raisons simples* » qui ont motivé sa décision : la « *peur du tsunami médiatique* » ainsi que « *sa grande amitié pour sa marraine, la deuxième épouse de DSK, et pour Camille, la fille de celui qu'elle accuse de l'avoir agressée* ». Pour l'hebdomadaire, « *la victime concernée et sa famille réclamaient le silence… au nom du respect de la vie privée. Tout était dit !* ». Les victimes n'osent pas demander justice quand l'agresseur est un homme puissant et célèbre ou quand il s'agit d'un membre de leur entourage – c'est-à-dire dans 85 % des cas[14] –, mais tout va bien dans le meilleur des mondes.

Puisqu'une femme n'est pas censée se formaliser pour si peu, seule la vénalité peut la pousser à aller au procès.

---

11. *L'Express*, 17 février 2009.
12. Dix ans pour les viols, trois pour les agressions sexuelles, vingt ans à partir de la majorité de la victime quand celle-ci était mineure au moment des faits.
13. Paris Première, février 2007, et *AgoraVox.fr*, 18 mai 2011.
14. Véronique Le Goaziou, *Le viol, aspects sociologiques d'un crime,* Paris, La Documentation française, 2011.

Faisant allusion à Tristane Banon, Bernard-Henri Lévy parle de « *cette autre jeune femme qui s'est tue pendant huit ans mais qui, sentant l'aubaine, ressort son vieux dossier et vient le vendre sur les plateaux télé*[15] ». Un étalage de misogynie qui figure, sur le site de sa revue, sous un bandeau appelant à sauver Sakineh Ashtiani, menacée de lapidation en Iran.

« Sous-judiciarisation » du viol au sein des milieux aisés

La représentation que les défenseurs de Dominique Strauss-Kahn se font d'un violeur est d'une touchante ingénuité. Alors qu'il suffit de s'être intéressé cinq minutes aux violences sexuelles au cours de sa vie pour savoir qu'il n'y a *pas* de profil « type », son biographe, Michel Taubmann, assure qu'il n'a « *pas les caractéristiques d'un violeur* » et qu'on « *ne l'imagine pas en bête sauvage* » (*Liberation.fr*, 17 mai). Roman Polanski, s'était auparavant indigné Finkielkraut, « *n'est pas le violeur de l'Essonne* ».

Or les violeurs, comme les auteurs de violences conjugales[16], appartiennent à toutes les classes sociales ; ils sont seulement moins souvent traduits en justice lorsqu'ils appartiennent aux classes supérieures. Le sociologue Laurent Mucchielli l'explique par deux mécanismes : « *Le premier est un phénomène de sous-judiciarisation des faits au sein des milieux aisés qui disposent de relations, de pouvoir, d'argent, de bons avocats, de moyens de pression, pour prévenir la divulgation des faits et, le cas échéant, pour se prémunir face à l'action de la police et de la justice et tenter de conserver malgré le crime leurs positions et leurs réputations. Le second mécanisme est l'attention particulière qui est au contraire portée en permanence aux populations défavorisées par les services médico-sociaux, les services éducatifs, la police et la justice, ce qui conduit à une plus forte détection des faits illicites commis en leur sein*[17]. »

---

15. « Ce que je sais de Dominique Strauss-Kahn », *Laregledujeu.org*, 16 mai 2011.
16. Voir Mona Chollet, « Machisme sans frontière (de classes) », *Le Monde diplomatique*, mai 2005.
17. Cf. Véronique Le Goaziou, *op. cit.*

On voit ressurgir l'argument selon lequel un homme puissant et célèbre subirait une « double peine » lorsque la justice ne lui réserve pas un traitement de faveur − manière plus ou moins déguisée de réclamer, précisément, ce traitement de faveur, au nom du statut social de l'accusé : Roman Polanski est un « grand artiste » ; Dominique Strauss-Kahn, sorte de Superman français, s'apprêtait à sauver tout à la fois la Grèce et l'euro... L'ancien ministre de la justice Robert Badinter s'étrangle à l'idée que le directeur du FMI soit « *ravalé délibérément au rang de dealer* » (France Inter, 17 mai) : manière de suggérer que la justice, c'est pour les pauvres. Chez des personnages d'ordinaire si prompts à en accuser leurs adversaires politiques, c'est un déchaînement de « complotisme » et d'« anti-américanisme[18] » : « *J'en veux à un système judiciaire que l'on appelle pudiquement "accusatoire" pour dire que n'importe quel quidam peut venir accuser n'importe quel autre de n'importe quel crime* », écrit BHL dans son billet. Un scandale, en effet.

Sur le site du *Nouvel Observateur* (17 mai), Jean Daniel en arrive à la conclusion que « *le peuple américain et nous n'appartenons pas à la même civilisation* ». Dans l'affaire Polanski, le ministre de la culture Frédéric Mitterrand avait vu une manifestation de « *l'Amérique qui fait peur* ».

Quant à l'argument selon lequel Dominique Strauss-Kahn aurait « *beaucoup plus à perdre* » qu'un justiciable ordinaire, il laisse sans voix. Le cinéaste Patric Jean a filmé dans *La raison du plus fort* (2003) la façon dont la justice d'abattage, en France, broie tous les jours des vies − parfois innocentes − sans que quiconque s'en émeuve, et a réalisé en 2009 un documentaire sur le sexisme, *La domination masculine*. Il est donc doublement bien placé pour remettre les choses en perspective : « *Difficile après cette expérience de s'apitoyer sur un homme hautement soupçonné de viol et qui peut encore se payer les meilleurs avocats de la planète[19].* »

---

18. Voir Julien Salingue, « Affaire DSK : ils ne sont plus "tous américains" », *Acrimed,* 23 mai 2011.
19. « DSK et les hypocrites », Le blog de Patric Jean, 17 mai 2011.

Si on ne peut plus violer tranquillement les femmes de chambres[1]…

Béatrice Gamba[2], Emmanuelle Piet[3]

Même si nous n'avons pas les éléments nécessaires pour juger si Dominique Strauss-Kahn est coupable ou non, les réactions à son arrestation sont révélatrices d'une grande confusion dans les esprits pour tout ce qui concerne les violences sexuelles. Depuis dimanche, beaucoup s'accordent à décrire DSK comme un « libertin », un « dragueur », ce qui expliquerait son attitude envers la femme de chambre new-yorkaise qui l'accuse de l'avoir agressée sexuellement et forcée à pratiquer une fellation. Les blogs regorgent de plaisanteries grivoises : il semble que certains soient finalement assez fiers de ce nouveau témoignage de la gaillardise française. Ah, le puritanisme américain !

Mais de quoi parle-t-on ? On oublie un détail d'importance : le consentement ! C'est bien ce qui change tout, entre des relations sexuelles entre adultes d'une part et un viol d'autre part. La liberté sexuelle, le libertinage, n'ont rien en commun avec la violence sexuelle. Le viol n'est pas une relation sexuelle, c'est une humiliation, une domination.

Jean Quatremer, correspondant de *Libération* à Bruxelles, écrivait lors de la nomination de DSK à la tête du FMI, en juillet 2007 : « *Le seul vrai problème de Strauss-Kahn est son rapport aux femmes. Trop pressant, il frôle souvent le harcèlement. Un travers connu des médias, mais dont personne ne*

---

1. Texte écrit le 16 mai 2011 et repris par une dépêche de l'AFP le 17 puis publié le 18 dans le Libéblog « Observatoire de l'égalité ».
2. Éditrice, porte-parole de Mix-Cité Paris, mouvement mixte pour l'égalité des sexes.
3. Présidente du Collectif féministe contre le viol.

parle (on est en France). Or, le FMI est une institution interna-
tionale où les mœurs sont anglo-saxonnes. Un geste déplacé,
une allusion trop précise, et c'est la curée médiatique[4]. »

Un « travers », le harcèlement sexuel ? Non, un délit. Un
simple « geste déplacé », le fait de plaquer une femme au
sol et de tenter de lui arracher son pantalon ? C'est pourtant ce qu'a raconté Tristane Banon dans une émission de
Thierry Ardisson, début 2007. Encore une fois, la tolérance
« gauloise » (« personne n'en parle ») s'appuie sur la confusion
entre drague et agression sexuelle. Soyons précis·es : il ne
s'agit pas d'une « affaire de mœurs », comme on le lit ici ou
là, mais des lois qui protègent les personnes.

En tant que féministes, nous ne cherchons pas à commenter la sexualité d'une femme ou d'un homme politique, qu'elle
soit extraconjugale ou pas, homosexuelle ou hétérosexuelle,
à deux ou en groupe… Vive la liberté sexuelle ! Mais ce qui
est en cause n'a rien à voir : le directeur général du FMI n'a
pas été arrêté du fait de « *sa faiblesse pour les femmes[5]* », il
est accusé d'un crime !

Christine Boutin, pour sa part, parle d'un piège. Doit-on
comprendre que placer à la portée de Dominique Strauss-
Kahn une jeune femme de chambre est un « piège » ? Qu'on
sait bien qu'il ne résistera pas à la tentation de toucher au fruit
défendu ? Cela suppose des pulsions sexuelles irrépressibles,
censées être typiquement masculines. Pourtant, nulle pulsion
n'est « irrépressible » chez l'être humain, homme ou femme,
et, sauf de rares cas pathologiques, les pulsions sexuelles ne
sont pas la cause d'un viol : l'agresseur cherche avant tout à
soumettre sa victime.

Pour ceux et celles qui mettent en doute la parole de la
victime (bizarrement, cette attitude est systématique quand
il s'agit de viol ou d'agression sexuelle, beaucoup moins
pour d'autres crimes), rappelons que porter plainte pour viol

---

4. Cité dans « Les dossiers qui plombent la candidature de M. Strauss-
Kahn », *LeMonde.fr,* 16 mai 2011.
5. *Idem.*

s'apparente souvent à une rude épreuve[6], surtout lorsque l'on s'attaque à un «gros poisson»; qui voudrait subir sans raison les sous-entendus et les insultes qui ont déjà commencé à fuser?

En novembre dernier, lorsque Mix-Cité, Osez le féminisme et le Collectif féministe contre le viol ont lancé une campagne intitulée «La honte doit changer de camp[7]», les réactions ont été quasi unanimes: bien sûr, c'est scandaleux que tant d'hommes se croient autorisés à violer (75 000 femmes violées par an au minimum); c'est incroyable que les victimes n'osent pas porter plainte, les pauvres (seulement une victime sur dix porte plainte). Pourtant, confronté·es à la réalité du cas DSK, beaucoup de journalistes, d'hommes ou de femmes politiques oublient ces déclarations de bonnes intentions, plaignant le directeur du FMI, le Parti socialiste ou la France − pas un mot pour la victime, en l'occurrence.

Il est vrai qu'elle n'est qu'une femme de chambre; et ce n'est pas un détail, dans un pays où, il y a à peine un siècle, les domestiques étaient couramment violées par leur patron, puis renvoyées quand elles étaient enceintes.

Pour faire avancer la liberté sexuelle, en France comme outre-Atlantique, il importe de supprimer toute confusion: seul le consentement mutuel entre adultes vaut en matière de relations sexuelles. Le viol est un crime. Et ce, quel que soit le statut social des protagonistes

---

6. Cf. l'excellent dossier de Giulia Fois sur le viol dans *Marianne,* n° 727, avril 2011.
7. www.contreleviol.fr.

La morale de ces morales[1]

Mademoiselle[2]

Mademoiselle voudrait vous faire un aveu de premier ordre : elle n'a jamais réussi à lire un livre de la sociologue Irène Théry jusqu'au bout, parce que ça lui pique les yeux. Du coup, imaginez sa joie lorsqu'elle est tombée sur ses tribunes dans le journal *Le Monde,* à l'occasion de l'« affaire DSK ». Dix mille caractères à tout casser, elle s'est dit qu'elle allait enfin y arriver. Eh bien non.

Il faut dire que Madame Théry écrit des choses comme : « *D'un côté, il y a ceux qui soulignent avant tout la valeur fondamentale de la présomption d'innocence [...]. Ils ont semblé, dans les premiers jours, si majoritaires parmi les ténors qui font l'opinion en France et si indifférents au sort de la victime présumée qu'on n'a pas manqué de les traiter de défenseurs patentés de l'ordre patriarcal. Il est vrai que des réflexes machistes assez cognés ont fleuri ici et là pour défendre à leur manière l'innocence virile [...]. Mais on aura peine à nous faire croire que ces insanités d'un autre âge soient le révélateur providentiel d'un complot masculin caché sous la défense intransigeante des droits des justiciables. Ce n'est pas la défense des mâles dominants qui est préoccupante chez ceux qui croient trouver dans la présomption d'innocence la boussole unique guidant leurs réactions ; c'est plutôt un certain aveuglement mental aux défis nouveaux surgis du lien social contemporain*[3]. »

---

1. Texte publié le 12 juin 2011
2. Mademoiselle, du site *Les Entrailles de Mademoiselle* (http://blog.entrailles.fr entraillesdemademoiselle@gmail.com).
2. Irène Théry, « La femme de chambre et le financier », *Le Monde,* 23 mai 2011.

On va tout reprendre, ne vous inquiétez pas

Donc, Madame Théry nous explique que les premières réactions lors de l'«affaire DSK», réactions des «*ténors qui font l'opinion en France*», étaient largement destinées à rappeler la présomption d'innocence de DSK, mais que peu mentionnaient la victime présumée. Jusque-là, on est bon. Elle ajoute, à propos de ces «ténors», «*qu'on n'a pas manqué de les traiter de défenseurs patentés de l'ordre patriarcal*».

Le «on» désigne certainement quelques féministes radicales très méchantes qui détestent les hommes, mais on n'en saura pas plus. Continuons. Parmi ces réactions, donc, on a trouvé selon Irène Théry, des «*réflexes machistes assez cognés* [qui] *ont fleuri ici et là pour défendre à leur manière l'innocence virile :* "il n'y a a pas mort d'homme", "un troussage de domestique"». Sur les «*réflexes machistes assez cognés*», on est d'accord. Mais elle ajoute : «*On aura peine à nous faire croire que ces insanités d'un autre âge soient le révélateur providentiel d'un complot masculin caché sous la défense intransigeante des droits des justiciables.*»

Deux choses interpellent : «*d'un autre âge*» et «*complot masculin*». Je ne sais pas vous, mais moi ça me laisse pantoise.

Commençons par le «*d'un autre âge*». Madame Théry est une femme très sérieuse, la preuve, et là c'est comme le Port-Salut, c'est écrit dessus : à la fin de l'article, il est précisé qu'elle est «*directrice d'études à l'EHESS*[4]». Ce qui est vachement impressionnant. Mais, ce qui interpelle, du coup, c'est justement le recours à une expression telle que «*d'un autre âge*». Parce que cela signifie : «Bon, ils sont machistes, mais euh c'est parce qu'ils ont pris du retard, c'est une erreur, des résurgences du passé. C'est qu'ils sont vieux dans leur tête, quoi!». Mademoiselle, qui est directrice de rien du tout, se dit que, quand même, il s'agit là d'une analyse quelque peu limite. Lorsqu'on y ajoute le «*complot masculin*», on ne peut que se réjouir pour nos ami·es étudiant·es. Désormais, il leur sera possible de répondre sur leurs copies :

---

4. École des hautes études en sciences sociales

A. Les discriminations, dans notre société, ce n'est pas bien, mais c'est d'un autre âge.

B. Tout cela ne révèle pas un complot.

Conclusion : Ça dépend, c'est plus compliqué.

Note : 16/20 appréciation du/de la professeur·e : Admirable, vous faites preuve de beaucoup de prudence sur un sujet fort épineux. Veillez tout de même à ne pas trop affûter vos arguments, on risquerait de s'y couper.

Mais poursuivons, parce que ce n'est pas fini

Selon Irène Théry, « *ce n'est pas la défense des mâles dominants qui est préoccupante chez ceux qui croient trouver dans la présomption d'innocence la boussole unique guidant leurs réactions ; c'est plutôt un certain aveuglement mental aux défis nouveaux surgis du lien social contemporain* ».

Alors, on va faire un peu de rangement, pour les gens bas de plafond comme nous :

Vieille analyse féministe radicale dépassée, qui sent la haine des hommes, l'archaïsme et la naphtaline = trouver « *la défense des mâles dominants* [...] *préoccupante* ».

Nouvelle analyse moderne, pour un féminisme de la complexitude qui sent bon le printemps = trouver préoccupant « *un certain aveuglement mental aux défis nouveaux surgis du lien social contemporain* ».

« *Un certain aveuglement mental aux défis nouveaux surgis du lien social contemporain* » : c'est beau, non ? Bon, je vous accorde qu'on ne voit pas exactement ce que ça veut dire. On comprend que l'« *aveuglement mental* » est différent de l'aveuglement des yeux, qu'on appelle « cécité », mais qui n'empêche pas de penser, comme tout le monde sait. Donc on se dit qu'il s'agirait plutôt d'une sorte de refus de voir... avec le cerveau. De penser, en somme. Pfiou. C'est compliqué ! Quant aux défis qui « surgissent » (tels des Zorro, hors de la nuit) du lien social contemporain Eh bien, ça voudrait dire que « il y a des nouvelles choses à voir avec son cerveau, nouvelles choses produites par les relations entre individus, relations qui auraient changé actuellement ». On ne sait pas ce qui a changé, ni en quoi consiste le « *lien social contemporain* », mais on se dit que ce « lien social contemporain » doit être le lien social qui est arrivé après le « un autre âge », et qui désigne donc le « avant qu'on soit maintenant ».

En tout cas, peut-être l'auteure explique-t-elle ce que sont les « *nouveaux défis surgis du lien social contemporain* » dans la suite de l'article, mais Mademoiselle ne sait pas où exactement. Elle est un peu bébête, faut dire.

Est-ce là « *une civilité sexuelle renouvelée, capable d'irriguer la vie ordinaire de nos sociétés et d'inscrire la sexualité au sein d'un monde humain certes pluraliste, mais qui demeurerait un monde commun* » ?

Ou « *la valeur centrale que nous accordons non plus au mariage mais au consentement dans le grand partage entre le permis et l'interdit sexuels* » ?

Quel drôle de langage. Enfin, puisqu'elle parle de consentement, dirigeons-nous docilement vers un autre article de l'auteure à propos de l'« affaire DSK », intitulé cette fois : « Un féminisme à la française[5] ».

D'abord, sachez que grâce à ce « *féminisme à la française* », selon Irène Théry, on a pu « *au milieu de la tempête de boue qui nous agite depuis deux semaines* », voir « *se faufiler* » « *un petit moment de grâce démocratique* [...] *par-delà les sexes et les cultures* ».

Ce qui fait très plaisir à Groschéri, le gentil Bisounours qui vit dans les nuages. Mais ce n'est pas tout, ces « féministes à la française » ont également « *redonné sa chance à la diversité de la pensée féministe* » et surtout « *des centaines de milliers d'hommes s'y retrouvent très bien* ».

Alors là, Groschéri est aux anges, parce qu'un féminisme dans lequel des « *centaines de milliers d'hommes* » ne s'y retrouveraient pas, ce serait manquer à un des fondements premiers du féminisme : ne pas bousculer les hommes. Non mais oh ! Manquerait plus que ça.

Mais avec tout cela, nous ne savons toujours pas ce qu'est un « *féminisme à la française* ». Et bien accrochez-vous, c'est

---

4. Irène Théry, « Un féminisme à la française », *Le Monde,* 28 mai 2011.

à en avaler son dentier : « *Mon sentiment est que, par-delà mes convictions, le féminisme à la française est toujours vivant. Il est fait d'une certaine façon de vivre et pas seulement de penser, qui refuse les impasses du politiquement correct, veut les droits égaux des sexes et les plaisirs asymétriques de la séduction, le respect absolu du consentement et la surprise délicieuse des baisers volés.* »

Alors là, franchement, si le « *féminisme à la française* » existe, ce que je ne crois pas, j'en ai terriblement honte. Je ne comprends même pas qu'on puisse écrire de pareilles foutaises.

Le genre verbeux est hélas courant ; quand l'auteure disserte sur le « *lien social contemporain* » d'où surgissent de « *nouveaux défis* », nous ne prenons pas de grands risques, puisque cela ne veut rien dire. Mais là, pour une fois qu'on voit clairement ce qu'elle veut dire, eh bien on regrette presque ses phrases alambiquées et obscures.

Le « *féminisme à la française* », ce serait donc le fait de réclamer l'égalité des droits et d'aimer une petite domination sympathique quand on sort de l'université et qu'on va boire un verre ; ce serait aimer cette façon tout à fait charmante qu'aurait l'homme de nous reluquer nos fesses d'intellectuelle qui ne fait pas que penser, mais qui vit, voire qui s'encanaille un peu ! Tout à fait délicieux, ma chère ! Quant aux « *plaisirs asymétriques de la séduction* » : mais qu'est-ce que cela veut dire ? Que la domination, c'est excitant ? Je rencontre souvent des femmes qui trouvent que, finalement, un mec doit être un « vrai mec » pour leur plaire, qui disent aimer les hommes « un peu machos ». C'est affligeant pour les hommes et pour les femmes. Mais lorsque ces femmes disent cela, elles n'ont pas de tribune ouverte dans le journal *Le Monde,* et ne le font pas du haut de leur posture de « directrice de recherche à l'EHESS ». Leur travail, à elles, ne consiste pas à penser le monde social. Elles ne sont pas payées pour ça. Irène Théry, elle, a le temps de réfléchir avant d'écrire cela. Elle a toute une carrière d'universitaire pour le faire. Elle a toute une carrière d'universitaire pour penser cette « séduction à la française » qu'on nous a enfoncé dans le crâne depuis notre tendre enfance. Vous vous souvenez certainement de cette chanson, qu'on fait chanter aux enfants dès leur plus tendre enfance :

Jeanneton prend sa faucille,
La rirette, la rirette,
Jeanneton prend sa faucille,
Et s'en va couper des joncs (bis)

En chemin elle rencontre,
La rirette, la rirette,
En chemin elle rencontre,
Quatre jeunes et beaux garçons (bis)

Le premier, un peu timide,
La rirette, la rirette,
Le premier, un peu timide,
Lui caressa le menton (bis)

Le deuxième un peu moins sage,
La rirette, la rirette,
Le deuxième un peu moins sage,
Lui souleva son jupon (bis)

Le troisième encore moins sage,
La rirette, la rirette,
Le troisième encore moins sage,
La coucha sur le gazon (bis)

Ce que fit le quatrième,
La rirette, la rirette,
Ce que fit le quatrième,
N'est pas dit dans la chanson (bis)

La morale de cette histoire,
La rirette, la rirette,
La morale de cette histoire,
C'est que les hommes sont des cochons (bis)

La morale de cette morale,
La rirette, la rirette,
La morale de cette morale,
C'est qu'les femmes aiment les cochons (bis)

La morale de ces morales,
La rirette, la rirette,
La morale de ces morales,
C'est qu'ça fait des p'tits cochons

La chanson ne dit pas si Jeanneton est consentante, ce qui a d'ailleurs l'air d'être le dernier souci de tout le monde. Elle partait bosser, au départ, Jeanneton. Elle avait peut-être autre chose à faire que de servir de cobaye à quatre garçons décidés à se faire la main sur elle. Mais la conclusion est là : les hommes seraient des porcs, les femmes aimeraient ça, et cela continuerait, de générations en générations. Et tout cela serait formidablement subversif, ou « politiquement incorrect », comme dirait Irène Théry qui aime nous faire croire qu'elle vogue contre vents et marées, alors qu'elle navigue sur une mer d'huile, à la lueur de vieilles lunes.

Eh bien figurez-vous que moi, je n'aime pas être prise pour de la merde, et cela quel que soit le lieu où je me trouve. Y compris dans mon couple, y compris dans les interactions avec d'autres hommes. Je n'aime pas être prise pour de la merde, même si on m'enrubanne ma domination dans un joli papier doré avec « séduction » écrit dessus. Je n'ai aucun plaisir à ce qu'on m'arrache un baiser, ni quoique ce soit d'ailleurs, et me sentir dominée ne me fait pas vibrer. Mais qu'Irène Théry ne désespère pas : on peut apprendre à apprécier le désir d'un homme (ou d'une femme) qui ne vous vole pas de baisers, mais vous donne envie de l'embrasser ; on peut apprendre à aimer voir dans le regard d'un homme une profonde complicité intellectuelle, physique ; on peut aimer et désirer un homme qui ne s'essuiera pas les pieds sur vous, même de temps en temps, même juste un peu, mais en vous faisant un sourire. C'est même terriblement agréable et excitant. Ça n'empêche ni la passion, ni le désir sexuel, bien au contraire à partir du moment où on est convaincue qu'on peut aimer et être aimée sans baisser la tête, sans devoir jouer le jeu de la soumission, sans devoir ménager les susceptibilités du mâle dominant.

Parce que l'asymétrie, la domination, les baisers volés, ce n'est pas glamour. La domination, c'est le lavage des chiottes de ces messieurs, c'est la course au supermarché, les salaires de merde, c'est se retrouver cantonnée au torchage des mioches, c'est être écartée des lieux de décision, devoir fermer sa gueule, se faire définir, baiser, mépriser. Qu'elle trouve ça sexy, grand bien lui fasse. Qu'elle aime se faire flatter la croupe au sortir d'un déjeuner, grand bien lui fasse. Qu'elle estime qu'un féminisme « *qui refuse les impasses du politiquement correct* » soit un féminisme qui glousse « ah ce qu'on aime les hommes et leurs grandes épaules, leur façon de nous protéger et de nous séduire en nous maltraitant un peu », tant mieux pour elle. Et tant pis pour le féminisme.

La morale de ces morales, comme dit la chanson, c'est que beaucoup d'hommes « *d'un autre âge* » vont adorer ce genre de discours.

Les femmes de ménage des hôtels brisent le silence sur les agressions[1]

Jenny Brown[2]

Alors que Dominique Strauss-Kahn pénétrait dans le Palais de justice de Manhattan, le 6 juin dernier, il fut accueilli par 200 femmes de chambre qui scandaient « *Honte à vous !* ».

L'ancien directeur du Fond monétaire international et candidat à l'élection présidentielle française est traduit en justice sous l'accusation d'avoir agressé sexuellement une femme de chambre le mois dernier dans sa chambre du très sélect hôtel Sofitel.

Les femmes de chambre syndiquées étaient là pour dire que sur la base de leur expérience avec les clients des hôtels, elles croyaient leur collègue de travail. Elles racontent que les clients font de l'exhibitionnisme, proposent d'acheter leurs services sexuels, les attrapent et les tripotent, et parfois, tentent de les violer.

L'énorme publicité autour de l'« affaire Strauss-Kahn » a brisé le silence sur les agressions sexuelles dont sont victimes les employées d'hôtel. Une autre femme de chambre, employée de l'hôtel de luxe new-yorkais Pierre, a ainsi fait état de l'agression sexuelle dont elle a été victime, le 29 mai dernier, de la part d'un éminent banquer égyptien.

Enfin, le 2 juin, sous l'égide du syndicat de l'hôtellerie, « Unite Here[3] », des dizaines d'employées d'hôtel de huit

---

1. Article paru dans *Labor Notes,* 16 juin 2011, Detroit, États-Unis.
2. Éditrice à *Labor Notes* (http://labornotes.org/) et membre de Redstockings of the Women's Liberation Movement (www.redstockings.org).
3. NDE : Contrairement à ce qu'écrit le chroniqueur peu avisé de l'hébomadaire *VSD* (n° 1763, 9-15 juin) qui « observe » que DSK a été accueilli par les

grandes villes ont publiquement évoqué le harcèlement et les agressions commises par des clients : « *Ces clients pensent qu'ils peuvent nous utiliser pour tout ce qu'ils veulent, parce que nous n'avons ni le pouvoir ni l'argent dont ils disposent* », raconte Yazmin Vasquez, femme de chambre à Chicago.

Humiliation et irrespect

Au cours de la conférence de presse de Toronto (Canada), Cecily Phillips, a déclaré qu'elle se sentait « *humiliée, sale et effrayée* » après qu'un client l'eut tripotée alors qu'elle faisait le lit. « *Les clients nous proposent de l'argent en échange de massages – mais ce ne sont pas des massages qu'ils veulent, c'est autre chose* », raconte Elizabeth Moreno qui travaille depuis dix-huit ans dans les hôtels de Chicago. Quand elle porte les repas dans les chambres, certains clients l'attendent nus.

Le problème est si répandu que les travailleuses des hôtels de San Francisco et de Hawaï ont résisté aux tentatives des directions de leur faire porter des jupes. Elles disent que les uniformes les rendent plus sujettes au « pelotage » alors que leur travail demande qu'elles se penchent sur les lits, les baignoires et les sols. Une employée raconte que depuis qu'un client a fait irruption en exhibant ses parties génitales dans la salle de bain qu'elle nettoyait, elle porte plusieurs épaisseurs dans l'espoir de dissuader ces tentatives.

Selon une représentante syndicale, au Sofitel de New York, où Dominique Strauss-Kahn occupait une chambre à

« *cris scandalisés* » d'un syndicat « *improvisé* », Unite Here compte 250 000 membres parmi les employé·es qui travaillent dans les hôtels, les salles de jeux, les blanchisseries, les aéroports. C'est aussi un syndicat transnational puisqu'il organise les travailleurs et les travailleuses de la branche aussi bien aux États-Unis qu'au Canada. La majorité de ses membres sont des femmes dont nombre sont afro-américaines, latinas ou asia-américaines. Quarante-trois de ses adhérent·es sont mort·es dans l'attentat du World Trade Center en septembre 2001. Le 2 juin 2011, le syndicat a lancé une campagne pour « *briser le silence sur les dangers du travail dans les hôtels* ». Une coordination des employé·es d'hôtels de huit villes différentes a été mise en place pour revendiquer notamment le droit de travailler en pantalon et d'être équipé d'une alarme à utiliser en cas d'urgence.

3 000 dollars la nuit, la direction avait désormais remplacé les jupes d'uniforme par des pantalons et des tuniques.

La sécurité des personnels de chambre est cependant compromise par les réductions d'effectifs qui laissent les femmes isolées pendant leur travail. Ainsi, à Hawaï, alors que les femmes de chambre qui doivent entrer dans les chambres le soir pour ouvrir les lits ont l'habitude de travailler à deux, les directions leur demandent désormais de travailler seules, ce qui provoque chez elles un sentiment d'insécurité.

Dans tout le pays, les plaintes alimentent des actions syndicales. Les travailleuses luttent pour avoir le droit de maintenir ouverte la porte des chambres avec leur chariot pendant qu'elles font le ménage. Pour certaines directions d'hôtel, cette disposition est « *non professionnelle* » et facilite les vols. Mais les employées ne veulent pas être seules dans les chambres avec le client et la porte fermée : « *Quand nous faisons couler l'eau, nous ne les entendons pas entrer* », dit encore Elizabeth Moreno. Là où elle travaille, un contremaître est présent pendant le ménage si le client est dans sa chambre, mais elles n'ont pas le droit de laisser la porte ouverte.

Le rire de la direction

Travaillant dans un hôtel d'Indianapolis depuis trente ans, une employée raconte que quand elle apporte des serviettes et du shampooing aux clients, il est fréquent que les hommes qui lui ouvrent la porte soient nus et qu'ils lui fassent des propositions ou pire encore. La direction est au courant, ajoute-t-elle, mais elle se contente d'en rire.

Andria Babbington, qui travaille dans un hôtel de Toronto, raconte elle aussi que les managers ont ri quand elle s'est plainte d'un client nu qui lui a demandé de le border dans son lit. « *Le client ayant toujours raison, les hôtels sont complices de la culture du silence* », affirme Annemarie Strassel, membre de Unite Here.

Les deux femmes de chambre de New York qui ont rapporté des agressions sexuelles sont toutes les deux syndiquées, et parce que les trois quarts des hôtels de la ville sont syndiqués, « *New York est vraiment le mauvais endroit pour s'attaquer aux travailleuses des hôtels*», a déclaré leur syndicat, le New York Hotel and Motel Trades Council.

Mais avoir un syndicat ne représente que la moitié de la bataille. Les femmes de chambre doivent aussi affronter les traditions sexistes. Selon Annemarie Strassel, «*le problème est devenu si "ordinaire", que ce qui est primordial, c'est que les femmes sortent du silence et témoignent*».

Il est déjà particulièrement difficile de rapporter des agressions sexuelles en dehors des lieux de travail, disent les spécialistes du viol, parce que la croyance dominante veut que celles-ci soient, partiellement ou totalement, de la faute des femmes. Et avant que n'existent les tests ADN, les femmes étaient plus facilement encore traitées de menteuses.

En France, il y a même une expression coutumière pour désigner ce dont DSK est accusé. Ceux qui le défendent ont fait référence au «troussage de domestique», une tradition qui veut que les travailleurs domestiques soient sexuellement disponibles pour le maître de maison. (Bien entendu, ce n'est pas spécifique à la France, il n'y a qu'à voir le gouverneur de Californie, Arnold Schwarzenegger, qui a fait un enfant à la femme de chambre qui travaille chez lui depuis vingt ans.)

Si on ajoute à cela la volonté des directions d'hôtels de plaire aux clients et de balayer sous le tapis la mauvaise publicité que provoquent ces incidents, beaucoup de travailleuses subissent le harcèlement et les agressions comme faisant partie du travail. L'une d'entre elles a raconté au *New York Times* qu'elle portait sur elle un décapsuleur pour pouvoir se défendre.

Quand les travailleuses font état du comportement d'un client à la direction, celle-ci n'appelle que rarement la police. «*Ceci doit rester confidentiel!*» a-t-on objecté à des employées d'un hôtel du Texas après qu'une d'entre elles ait été «*empoignée et pelotée*» par un client nu à qui elle apportait le rasoir qu'il avait commandé. «*Peu importe ce que nous disons, la direction écoutera toujours le client*», déclare Hortensia Valera lors de sa prise de parole à Chicago.

Prendre cela au sérieux

Selon son avocat, l'employée qui a fait état de son agression par Dominique Strauss-Kahn est actuellement obligée de se cacher. Comme elle n'a pas été en mesure de retourner travailler en raison de la frénésie de publicité, ses soutiens collectent des fonds par l'entremise dune Église communautaire. Et, selon le *Wall Street Journal,* on s'attend à ce que les avocats de la défense dépensent un demi-million de dollars pour fouiller son passé dans le but de la discréditer.

Les arrestations de DSK et du banquier égyptien laissent penser que les accusations d'agressions vont être prises au sérieux, et depuis lors, selon les équipes syndicales, les travailleuses se sont senties libérées pour rapporter les incidents similaires.

Les législateurs de l'État de New York ont soumis un projet de loi qui obligerait les hôtels à afficher dans les chambres une « Déclaration des droits » des femmes de chambre, qui les obligerait à informer et à former celles-ci sur leurs droits ainsi qu'à les protéger des représailles quand elles font état des incidents dont elles sont les victimes.

Selon Annemarie Strassel, les directions d'hôtels ont de leur côté répondu à cette situation par un « *silence assourdissant* » ; elle n'a eu connaissance que d'un seul cas où la direction se soit réunie spécifiquement sur cette question.

Des changements sont néanmoins annoncés dans les hôtels qui sont actuellement sous les projecteurs. À l'hôtel Pierre, un contremaître a été suspendu pour avoir omis d'agir après que l'employée eut rapporté l'agression du banquier égyptien. C'est en effet un autre contremaître qui avait, le lendemain, appelé la police. Le Sofitel et le Pierre annoncent que désormais les employées seront munies de systèmes d'alarme individuels.

Ce n'est pourtant pas suffisant selon les équipes syndicales. Les directions doivent « *parler clairement aux femmes pour qu'elles sachent qu'elles ont le droit de parler et de dire les choses comme elles sont* » a déclaré Andria Babbington à la presse : « *Dites bien à vos clients qu'ils ne pourront pas s'en tirer !* »

Comment les victimes deviennent les coupables, ou le traitement médiatique des violences faites aux femmes[1]

Marie Papin[2]

L'encre coule et la salive dégouline à propos de la énième « affaire Strauss-Kahn ». Complot ou pas complot telle semble être la question qui agite le débat public. Que ce soit au bistrot du coin, dans la « classe politique » ou dans les médias, l'euphémisme le dispute aux propos ouvertement sexistes, le médiocre côtoie le stupide.

Le but de cet article n'est pas de disserter sur l'innocence ou sur la culpabilité de DSK : il est présumé innocent jusqu'à ce qu'un·e juge américain·e dise le contraire. Non, le but de cet article est de s'interroger sur les réactions – et elles sont nombreuses – que provoque cet « *incident*[3] », pour paraphraser quelque journaliste, afin d'analyser les divers mécanismes qui sont mis en œuvre pour taire la question du viol. On se trouve dans cette affaire face à un paradoxe, puisqu'à la fois tout le monde en parle en permanence, mais que personne n'en parle réellement. C'est-à-dire que l'on parle de tout sauf de violences sexuelles.

La lecture de la presse ou l'écoute des ondes depuis le début de cette affaire donne selon moi une idée assez nette de la vision que l'on a du viol (et plus largement des violences contre les femmes) en France : une vision qui occulte

---

1. Texte rédigé le 16 mai 2011.
2. Étudiante en droit et membre du collectif féministe Les Poupées en pantalon (Strasbourg).
3. « Comment les Chinois voient l'affaire DSK », le 5 juin 2011, http://gauthier.blogs.nouvelobs.com.

totalement les femmes victimes de violences pour se concentrer sur l'agresseur (soupçonné ou avéré). Parce que, qu'elles crient ou non au complot, les réactions françaises à cette affaire ont ceci de commun que, d'une part elles *euphémisent* systématiquement l'acte de viol et que, d'autre part elles partent du principe que la victime ne dit probablement pas la vérité. Or, que DSK soit juridiquement présumé innocent ne justifie en aucun que l'on considère la femme qui l'accuse comme une *présumée menteuse*.

À la recherche de la victime

Nauséabond. Voilà le terme que m'inspire la lecture des innombrables coupures de presse au sujet de cette affaire. L'ensemble du traitement médiatique est entièrement orienté vers DSK, le FMI, l'élection présidentielle qui se profile, la France ou encore la stabilité de la zone euro. Force est de constater qu'il est fait peu de cas de la victime en particulier, de la question du viol plus généralement. Comme si ce n'était pas de cela qu'il s'agissait. On a parfois l'impression que DSK est simplement accusé d'avoir piqué une pomme en quittant l'hôtel. À tel point que l'on n'est presque pas surpris de lire sur le site du *Point* le mot « *victime*[4] » mis entre guillemets ! On parle volontiers du « *cauchemar*[5] » de DSK, de la « *violence*[6] » qu'il subit. Je ne doute pas que « la femme de ménage » qu'il a peut-être violée passe des moments fort heureux à l'heure qu'il est. D'ailleurs, le recours presque systématique au terme « femme de ménage » pour désigner cette femme, au pays de la langue de bois (inventeur entre autres des termes comme « technicienne de surface » ou « mal voyant ») est assez symptomatique de la volonté à peine masquée de la dévaloriser.

---

4. « Inculpé à New York de tentative de viol, Strauss-Kahn nie les faits », *Le Point,* 16 mai 2011.

5. Voir par exemple : lettre de démission de Dominique Strauss-Kahn, citée dans « DSK : ces derniers jours ont été extrêmement douloureux », *Le Point,* 23 mai 2011 ; « DSK : le cauchemar américain », *VSD,* 18 mai 2011.

6. Propos d'Élizabeth Guigou, cités par Laurent Houssay, « DSK menotté : une mise en scène à l'américaine qui a frappé les esprits », AFP, 16 mai 2011.

Quand la victime n'est pas celle que l'on croyait, tout devient possible. Manuel Valls va jusqu'à dire, dans un élan lyrique, que les images de DSK sont d'« *une cruauté insoutenable*[7] ». En voilà un qu'on a pourtant rarement entendu s'émouvoir sur le sort réservé aux suspects dans notre doux pays. Et Eva Joly de s'indigner de la violence de la justice américaine[8] et on la comprend tant il est vrai que les délinquants présumés sont bien traités en France. Quand les militants du dimanche s'inquiètent tellement des résultats d'une présidentielle qu'ils en oublieraient même qu'ils sont censés être au moins un peu féministes, ça fait chaud au cœur. Pour celles d'entre nous qui avaient encore des illusions… *Libération* n'hésite d'ailleurs pas à titrer « *Immense gâchis*[9] » à propos de la candidature-probablement-tombée-à-la-flotte de DSK. D'aucuns iront jusqu'à dire que l'unique victime c'est lui, stoppé en plein vol dans sa fabuleuse carrière.

Nathalie Kusciusko-Morizet en oublie même que dans un viol il y a nécessairement une personne à laquelle on a fait subir des attouchements sexuels auxquels elle ne consentait pas : elle n'hésite pas à dire que dans cette affaire la « *victime avérée*[10] » c'est… la France !

Quand la paille dans l'œil du voisin sert à cacher la poutre que l'on a dans le sien

On papote, on papote, salauds d'Américains, vraiment trop puritains. Et l'on se réjouit à demi-mot qu'en France, terre de l'amour s'il en est, un tel barouf ne serait jamais arrivé. C'est qu'on sait préserver nos hommes politiques nous. Il est vrai qu'outre-atlantique une accusation de viol n'est pas prise à la légère mais ce n'est pas de leur faute les pauvres, ils ne connaissent rien à la séduction à la française. Séduction insistante, qui peut visiblement se passer

---

7. Propos de Manuel Valls, cités dans « Strauss-Kahn : des images d'une cruauté insoutenable selon Manuel Valls », *Les Echos,* 16 mai 2011.
8. Propos d'Eva Joly, cités dans « DSK : Joly dénonce des images violentes », *Le Figaro.fr,* 16 mai 2011.
9. Vincent Giret, « Immense gâchis », *Libération,* 16 mai 2011.
9. Propos de Nathalie Koscuisko-Morizet, cités dans « Pour NKM, dans l'affaire DSK, la victime avérée c'est la France », *Le Point,* 16 mai 2011.

de consentement et nécessite quelques mains baladeuses mais c'est tellement plus spontané, plus romantique voyez-vous-mon-bon-Monsieur.

Et c'est ainsi que tout ce beau monde se retrouve d'accord pour condamner le puritanisme de la société américaine, sa judiciarisation des « rapports de séduction ». Finalement ce sont deux modes de vie qui s'affrontent. N'écoutant que leur courage, nos braves chauvins s'accordent pour dénoncer une société dans laquelle les hommes n'oseraient soi-disant plus prendre l'ascenseur avec leurs collègues femmes de peur d'être accusés de harcèlement. Il n'y a plus qu'à célébrer ensuite la séduction et le doux libertinage qui imprègnent les relations entre les femmes et les hommes dans les pays latins. Que les unes nomment violence la séduction qu'elles subissent de la part des autres ne semble guère poser de problème.

Le fait que DSK ait été mis en cause dans plusieurs affaires de ce genre ne semble pas inviter ses défenseurs à la prudence. C'est de la drague *à la française* nous dit-on. Homme « *vigoureux*[11] » certes, nous affirme Christine Boutin, violeur, impossible. Et on sait précisément où se situe la frontière nom d'un chien. Et si on ne sait pas, ce dont on est visiblement assez certain au Pays des Petits Malins que semble être devenue la scène politique française, c'est que cette frontière, DSK ne l'a pas franchie, jamais. Pourquoi ? Mais parce qu'il en est incapable bien entendu. Mais aussi parce qu'en France, le harcèlement sexuel n'existe tout simplement pas. Bref, qu'il puisse être un séducteur insistant on veut bien l'admettre… quant à considérer qu'il puisse s'agir de harcèlement ou de violences sexuelles, personne dans la classe politique ne semble prêt à seulement l'envisager.

Tout est bon pour sauvegarder l'honneur de la France. Classes politiques et médiatiques se rejoignent pour défendre l'identité patriarcale française face au péril du puritanisme américain. Honte au mauvais patriote qui se rangerait du côté

---

11. Propos de Christine Boutin cités dans « Cette femme de ménage, qu'allait-elle faire dans la chambre de DSK ? », *Le Plus Nouvel Observateur,* 17 mai 2011.

de l'ennemi! S'indigner de la sorte contre les dérives d'un soi-disant puritanisme permet de ne pas s'attarder sur ce qui pose vraiment problème: en France on confond allègrement séduction et harcèlement, drague et violence... Et on en est fier qui plus est.

Comme un seul homme

Ce qui s'exprime à travers ces réactions, c'est la solidarité finalement. Les voilà qui se déchaînent pour hurler au scandale, en appeler au droit à la dignité des suspects, se positionner avec vigueur contre la « *mise à mort*[12] », le « *lynchage médiatique*[13] » dont DSK serait la... victime. Et Jack Lang — que l'on a rarement entendu aussi indigné que dans cette affaire — de rappeler qu'il « *n'y a pas mort d'homme*[14] ». Viol de femme peut-être, mais pas de quoi en faire un fromage.

Mais seulement la solidarité a un prix et elle se noue au détriment de quelqu'un. Dans les affaires de violences sexuelles la solidarité des mâles-entre-eux se fait sur le dos des femmes. Quand on en parle c'est à l'occasion d'un fait divers malencontreusement médiatisé et c'est le plus souvent pour entendre s'exprimer quelque suspicion à l'égard de la victime: Comment était-elle habillée? A-t-elle dit *non* ou l'a-t-elle simplement chuchoté? Peut-être n'a-t-elle rien dit? Parce que, qui ne dit mot consent n'est-ce pas? L'a-t-elle ou non cherché? Était-elle seule dehors à une heure tardive? Est-elle responsable?

Et c'est justement cette suspicion systématique qui pèse sur les victimes de violences sexuelles qui justifie que l'on fasse des commentaires pour le moins inappropriés sur le physique de cette femme et que l'on enquête sur sa vie. Histoire de voir... Mais que cherche-t-on exactement? Le nombre de partenaires sexuels qu'elle a eus? Des témoins

---

12. Jean Daniel, «Affaire DSK: l'organisation médiatique d'une mise à mort», *Le Nouvel Observateur,* 18 mai 2011.
13. « DSK: arrêtons le lynchage médiatique! », *Le Plus Nouvel Observateur,* 18 mai 2011.
14. Entretien avec David Pujadas, *20 heures,* France 2, 16 mai 2011.

de sa perversité ? De sa dépravation ? On pense prouver en fouillant dans son passé qu'elle a forcément, sinon menti, au moins consenti. Parce que franchement, pourquoi une femme *comme elle*, irait-elle se refuser à un homme *tel que lui*, telle est la question que l'on nous pose en filigrane.

Un peu comme lorsque certains affirment que le viol conjugal n'existe pas ou que les prostituées ne peuvent être victimes de viol. En cautionnant ce genre d'enquête on admet qu'il puisse y avoir deux types de femmes. Les femmes de l'une de ces catégories ne pourraient être victimes de viol parce qu'il y aurait dans leur comportement, dans leur façon d'être quelque chose qui laisserait penser aux hommes qu'elles sont sexuellement *disponibles* même en l'absence de consentement. C'est ce que l'on attend d'une épouse, d'une prostituée… et d'une domestique comme l'exprime si bien Jean-François Kahn quand il fait référence à un « *troussage*[15] ».

Pour se serrer les coudes, rien de mieux que de diviser. C'est à cela que sert le personnage d'Anne Sinclair, dont on parle beaucoup mais que l'on n'entend pas. À travers elle, ce sont les femmes qui restent à leur place que l'on applaudit. Que l'on salue son « *courage* [et l'] *amour*[16] » qu'elle apporte à son époux, ou sa dignité face à ce qui est décrit comme un adultère, c'est le même processus qui est à l'œuvre : il s'agit de créer deux catégories de femmes. Il y aurait alors d'un côté les femmes respectables, qui soutiennent vaille que vaille les hommes en général, leur époux en particulier et de l'autre les violables, les menteuses, les traînées. En créant cette dichotomie on invite les femmes à choisir leur camp. Celles qui choisiraient le bon (celui des dominants) seraient alors préservées, respectées.

Une affaire de mœurs ?

Le traitement médiatique de cette affaire est révélateur de la double volonté de dépolitiser et de dé-publiciser la question

---

15. *Les Matins de France Culture*, France Culture, le 16 mai 2011.
15. Bernard-Henri Lévy, « Défense de Dominique Strauss-Kahn », 16 mai 2011, www.bernard-henri-levy.com/defense-de-dominique-strauss-kahn-18 909.html.

des rapports entre les femmes et les hommes et plus spécifiquement les questions liées à la sexualité. Le viol relèverait alors des mœurs ou de la vie privée, termes qui ont été utilisés jusqu'à plus soif au sujet de cette affaire comme des autres affaires de violences sexuelles. Harlem Désir se fait d'ailleurs une joie de nous le rappeler : il s'agit là d'« *une affaire privée, pas une affaire politique* [17] ». Circulez, y'a rien à voir.

Mais que veut-on exactement nous dire lorsque l'on renvoie une telle affaire à la sphère privée, quand on crie haut et fort que ce n'est pas politique ?

D'abord, cette affirmation révèle un refus d'entendre ce qui est affirmé par les féministes depuis nombre d'années et cela traverse me semble-t-il l'ensemble du paysage politique français. Or le viol n'est pas une affaire privée. Il s'agit d'un crime. Quand un crime a peut-être été commis, la justice et à travers elle l'ensemble de la société s'en emparent. Ce qui se passe derrière la porte de la chambre n'est pas en dehors du social. Il ne s'agit pas d'une question de moralité qui ne regarderait que le violeur et sa conscience.

Ensuite, les violences faites aux femmes, et ce y compris dans la sphère dite privée, sont politiques en ce sens que s'y jouent des rapports de pouvoir entre dominants et dominées. En refusant de voir ces rapports de pouvoir, on naturalise le viol et de là on déresponsabilise les hommes. Le viol ne serait qu'affaire d'instinct ou de pulsion que certains malheureux ne sauraient maîtriser : ne leur jetons pas la pierre ! Or le viol est affaire de pouvoir, de domination. On ne viole que ce qui peut être approprié : on ne viole que celle que l'on sait pouvoir violer.

Enfin, en clamant qu'il s'agit d'une affaire privée, ce que l'on entend par là c'est que, quand bien même DSK aurait violé cette femme, cet acte devrait rester sans conséquence sur sa carrière politique. On est éventuellement prêt à admettre qu'il soit condamné, mais à condition que sa vie reste la même qu'avant. Une simple histoire de coucherie ne devrait

17. Propos de Harlem Désir, cités dans « Le PS veut maintenir le calendrier des primaires malgré l'affaire DSK », *Le Monde,* 16 mai 2011.

pas détruire la carrière d'un grand homme tel que lui. En fait, peu importe ce que «privé» signifie : qu'il s'agisse de la vie sexuelle ou bien de la vie domestique la référence au «privé» sert toujours à nier ou à cacher les violences et l'exploitation que subissent les femmes. Sans doute est ce là ce que les défenseurs des hommes violents entendent nous dire quand ils parlent d'affaire privée : n'en parlez pas trop fort.

Un air de déjà-vu

Le traitement de cette affaire n'est d'ailleurs pas sans rappeler ce à quoi nous avions eu droit lors du meurtre de Marie Trintignant par Bertrand Cantat ou encore après l'affaire Polanski et dans quasiment toutes les affaires de violences. On observe alors de façon récurrente que les trois mêmes mécanismes sont à l'œuvre : recours à tous les euphémismes possibles (un incident, une bagarre, une dispute, une relation, un événement) ; dévalorisation et recherche de la faute de la victime (une droguée malheureuse ayant des rapports compliqués avec sa famille, une adolescente provocante qui pose nue, une femme désorientée un peu hystérique) ; défense acharnée du coupable (un amoureux transi à fleur de peau, un grand artiste, un homme travailleur pour qui sa famille compte plus que tout). Plusieurs campagnes féministes contre les violences plus tard, on ne peut qu'être désespéré·es de voir que rien n'a changé. C'est la personne inculpée qui est victimisée, défendue à corps et à cri. La victime est dévalorisée, soupçonnée quand elle n'est pas rendue invisible, et l'accusation de viol est allègrement passée sous silence. On la qualifie plus volontiers de «*piège*[18]», d'«*événement invraisemblable*[19]» ou encore de «*peau de banane*[20]». D'ailleurs tellement peu d'attention est portée aux dires de la victime que l'on en vient à l'oublier. À oublier

---

18. Propos de Christine Boutin, cités dans «Pourquoi cette affaire est finalement bonne pour DSK, et risque de faire sortir au grand jour les manipulateurs», *Le Post*, 15 mai 2011.
19. Propos de François Patriat, cités dans «Affaire DSK : le récit des événements me paraît invraisemblable», *20 minutes*, 16 mai 2011.
20. Propos de Dominique Paillé, cités dans «DSK a-t-il été piégé ?», *Le Point*, 15 mai 2011.

qu'il y a une autre *personne* dans cette affaire. Que la vie de quelqu'un d'autre se joue. Certes, il ne s'agit que d'une femme, de ménage qui plus est…

Complot orchestré par la droite contre le PS, piège de quelque malfaisant contre DSK : cette affaire est donc traitée pour tout sauf pour ce qu'elle est : une histoire de plus où les femmes et les violences qui leur sont faites sont occultées au bénéfice de l'honneur de la France, de la grandeur d'un homme politique, de l'enjeu d'une élection présidentielle. Et pendant que tout le monde se dit que cette femme ment probablement, personne ne se demande : et si elle disait la vérité ? Que va-t-il lui arriver à elle ? Mesdames, visiblement il nous faudra faire encore un effort pour être entendues, prises au sérieux et considérées comme des personnes dont la vie a quelque importance.

In fine, cette affaire révèle au grand jour ce qui était plus ou moins dissimulé : en France les violences sexuelles sont tues. Quand elles sont révélées, elles sont traitées par-dessus la jambe et permettent aux hommes d'exprimer l'admirable solidarité qui les unit et aux journalistes de faire quelques bons mots dont ils se réjouissent entre eux.

L'essentiel est oublié : en général dans ces affaires il y a une victime et un coupable. Ne les confondons pas.

Qui accuse qui ? Préjugés et réalités dans l'affaire Strauss-Kahn[1]

Christine Delphy[2]

Après deux jours de stupéfaction et de colère muette devant l'étalage des soutiens à DSK, soutiens qui incluaient le dénigrement de la femme de chambre du Sofitel, la contre-offensive féministe a commencé ; d'abord avec la déclaration de Clémentine Autain dès le 16 mai 2011 puis avec plusieurs articles remarquables, dénonçant la tonalité indifférente au mieux, sexiste au pire, des propos concernant cette femme.

Maintenant, la classe politique (et avec elle ses affidés dans les médias) est largement déconsidérée aux yeux des femmes, et en tous les cas des féministes. Ils — et parfois elles — ont montré leur indulgence, leur connivence, leur compréhension, leur complicité pour tout dire, avec les agresseurs, et leur absence totale de compassion ou même d'intérêt pour les victimes. On se souviendra du « *troussage de domestique* » de Jean-François Kahn la prochaine fois qu'il se mêlera de donner des leçons de féminisme aux descendants d'immigrés ; on rira en pensant au « *il n'y a pas mort d'homme* » de Jack Lang la prochaine fois qu'il déclarera la main sur le cœur que l'égalité des sexes est une valeur fondamentale de notre société ; quand il s'agira de voter, on n'oubliera pas les larmes de Martine Aubry et de Manuel

---

1. Article publié sur le blog *Entre les lignes entre les mots* le 20 mai 2011 et mis à jour le 9 juin 2011 (http://entreleslignesentrelesmots.wordpress.com/).
2. Sociologue, directrice de *Nouvelles questions féministes*.

Valls devant l'«*insoutenable cruauté*» des images de DSK menotté.

Sur cet aspect du sexisme, beaucoup de choses ont été dites et d'autres le seront. Mais l'aspect juridique n'a pas été évoqué. Ou plutôt, quand il est évoqué dans les médias, nous avons droit à des célébrations du système judiciaire français, opposé aux mœurs aussi brutales qu'étranges des «Américains», et non aux explications sereines, aux informations auxquelles nous avons droit. Peu de spécialistes des procédures pénales sont invités, et ils ne donnent que des renseignements très partiels et même parcellaires. En fait on assiste à une désinformation systématique − ce n'est certes ni nouveau, ni réservé à cette affaire − mais dire ou laisser croire des choses erronées sur le système américain n'est pas innocent. Cela fait partie d'une stratégie : car présenter la justice américaine comme exotique, incompréhensible, barbare, c'est une stratégie de rechange à la théorie du complot, et les deux sont des stratégies de *défense du prévenu*.

Ce qui est frappant, depuis une semaine que les journalistes de la presse écrite et de la télévision consacrent la majeure partie du temps des infos à l'affaire, citant celui-ci ou invitant celui-là, c'est d'une part l'ignorance généralisée quant aux principes du droit pénal appliqué aux États-Unis − mais aussi en France − et d'autre part une confusion entre procédures pénales et procédures civiles, aux États-Unis − mais aussi en France.

Les critiques adressées au système judiciaire américain

Tout le monde est traité de la même façon

L'incarcération elle-même de Dominique Strauss-Kahn a été comparée à la montée du Golgotha. Jack Lang s'est insurgé contre le refus de la liberté sous caution, contre cette injustice qui consiste à emprisonner *un homme qui peut payer*. Mais sa détention provisoire a duré trois nuits, on lui a fourni un appareil à oxygène contre ses apnées du sommeil, et surtout on l'a isolé, pour lui éviter d'être violé par les autres détenus ; il faut comparer ce calvaire tout relatif aux six mois de détention provisoire que doivent subir plus de la moitié des inculpés français, et encore ceci n'est-il qu'une moyenne, certains restant deux et trois ans en prison *avant leur procès.*

Le logement en prison. Dès le dimanche 15 mai, quand il a été question que Dominique Strauss-Kahn soit envoyé en détention provisoire, l'un des deux envoyés spéciaux de France 2 annonçait que « *aux États-Unis, ce n'est pas comme à La Santé, où il y a des cellules VIP; ici, il n'y en a pas!* », sur un ton où la désapprobation était audible.

Les prisons elles-mêmes : pas gaies. Le même correspondant de France 2 a dit que la prison de Riker's Island est « *une des plus terribles* », et pour illustrer son propos nous a répété deux jours de suite que les couloirs y sont « *impersonnels* ». Ce qui évidemment étonne dans un bâtiment administratif, à plus forte raison dans une prison dont les corridors sont d'ordinaire égayés par des dessins d'enfants dans la section pédophile, des œuvres d'art plus cotées dans la partie réservée aux voleurs de musée, etc.

Allons, il faut être sérieux, surtout quand on se permet de demander « *au cas où il devrait faire de la prison* », que DSK « *exécute sa peine en France* ». « On » doit penser soit à une libération très anticipée, soit à une cellule cinq étoiles — soit aux deux-- parce que dans la vraie vie les prisons françaises ont un taux de surpeuplement de 126 %[3] ; l'espace vital d'un détenu oscille entre 2 m² et 4 m². Mais pour commencer il faut arrêter de pleurer sur quelqu'un qui a passé quatre jours en prison, et dans une cellule pour lui tout seul, un luxe dont un détenu français n'ose même pas rêver.

Sans chemise et sans pantalon. Beaucoup de critiques ont porté sur le traitement de Dominique Strauss-Kahn, après la garde à vue, quand il a été présenté à une juge du tribunal pénal. « *Pas rasé et sans cravate* » répétait le jeudi suivant

---

3. « *Le taux de surpopulation carcérale était de plus de 126 % en 2008. Il est actuellement de 115 %* », *Libération*, 17 mai 2011. « *La surpopulation des maisons d'arrêt, cette "première violence de la prison" […], celle qui consiste à mettre deux détenus, voire trois ou quatre dans 9 m², a les conséquences les plus graves sur les conditions de détention* », *Les conditions de détention dans les établissements pénitentiaires en France* (t. 1, rapport). www.senat.fr/rap/l99-449/l99-44918.html.

Robert Badinter sur un ton accablé. (Je pense à tous ces jeunes premiers que je vois dans les séries télévisées françaises, qui ne portent pas de cravate et qui ont des barbes de trois jours : je croyais qu'ils le faisaient exprès pour que je n'arrive pas à les distinguer les uns des autres ; maintenant je me demande s'ils ne sortent pas d'une garde à vue aux States). Mais ceci n'est qu'un exemple, à ses yeux, du fait « *scandaleux* » que DSK a été traité comme n'importe qui. Alors qu'il n'est pas n'importe qui. Rien dans son traitement n'a été exceptionnel. On peut juger contraire à la dignité humaine le « *perp walk* » : le fait de montrer pendant quelques minutes une personne menottée à la presse ; mais à New York c'est le lot commun des personnes transférées du tribunal à la prison. Et c'est bien cette absence d'exceptionnalité qui choque Badinter ; et il ne mâche pas ses mots : « *On l'a traité comme un dealer !* »

La présomption d'innocence existe-t-elle aux États-Unis ?

Depuis le 15 mai, les politiciens et la presse se gargarisent avec cette expression. Elle revient toutes les deux lignes dans les articles consacrés à l'« affaire ». Yves Calvi par exemple dans ses nombreuses émissions demande toutes les deux minutes : « *Mais est-ce qu'ils ont la présomption d'innocence, aux États-Unis ?* » Tous en parlent comme si cette présomption d'innocence était un bien exclusivement français, une partie unique de notre patrimoine juridique, une des nombreuses preuves de la supériorité morale de la « patrie des droits de l'homme ». Or, en réalité, c'est le contraire. Oh, certes, nous avions le principe : inscrit depuis 1789. Mais nous nous étions arrêtés là, au principe, comme souvent. Les moyens de rendre cette présomption réelle, de la faire passer dans les faits, n'existaient pas. Ces moyens impliquent des règles régissant les gardes à vue que la France se refusait à adopter.

Une arrivée difficile en France

La loi Guigou de 2000 a bien essayé de les imposer. Mais à peine votée, elle a été rognée et amputée par l'action de toutes les parties au jeu judiciaire, la police et la justice. C'est une longue histoire de bras de fer entre l'Europe, en particulier la Cour européenne des droits humains, et le législateur français. Les derniers épisodes datent de 2010, et impliquent le Conseil constitutionnel, qui prend le parti de la Cour européenne des droits humains et le 30 juillet 2010 déclare les parties du Code pénal concernant les gardes à vue inconstitutionnelles. Dans un arrêt rendu le 14 octobre 2010, la Cour européenne des droits humains condamne la France et affirme que « *dès le début de la garde à vue, toute personne doit se voir garantir l'ensemble des droits de la défense, en particulier celui de ne pas participer à sa propre incrimination et d'être assistée d'un avocat durant les interrogatoires* ». Le 19 octobre 2010, avec seulement dix ans de retard, la Cour de cassation déclare non conformes au droit européen les dispositions limitant la présence de l'avocat en garde à vue, y compris pour les régimes dérogatoires − criminalité organisée, terrorisme, stupéfiants. Le 14 avril 2011 est promulguée la « loi n° 2011-392 relative à la garde à vue » prévoyant notamment la présence de l'avocat dès le début de la garde à vue, et devant s'appliquer à partir du 1er juin 2011. Le retard du législateur français lui vaut cependant une sanction : les membres de la Cour de cassation « *se sont prononcés en faveur de l'annulation des actes de nombreuses gardes à vue menées sans assistance de l'avocat avant le 15 avril* » (*JDD*, 31 mai 2011). Tout cela n'empêche pas *Le Monde,* le 5 juin 2011, d'affirmer (sous la plume de Marion Van Renterghem) : « *En France, où prime la présomption d'innocence* »…

Ces mesures − devoir de la police de notifier la personne interpellée de son droit de garder le silence, et présence d'un avocat dès la première heure de la garde à vue et tout au long de celle-ci − loin d'exister en France de toute éternité, *venaient donc tout juste d'arriver en France, au moment où a débuté l'« affaire Strauss-Kahn ».*

Et comment les journalistes français ont-ils pu douter de l'existence de ces mesures aux États-Unis, quand toutes les semaines, les principales chaînes de télévision diffusent en *prime time* des séries policières ou judiciaires américaines, dans lesquelles on voit en moyenne deux interpellations par épisode, interpellations qui commencent toutes par le fameux « *Miranda warning* » (« *Vous avez le droit de garder le silence et d'appeler un avocat, si vous n'en avez pas, on vous en fournira un, et à partir de maintenant, tout ce que vous direz pourra être retenu contre vous* »)?

Comment comprendre que la presse et les hommes politiques aient pu revendiquer comme une spécificité française des garanties de la présomption d'innocence *que la France n'offrait pas*? Et *s'en targuer* face à des pays *qui, eux, offraient ces garanties* depuis belle lurette? Il y a bien en effet une sorte de présomption ici.

À quoi servent ces mesures, en quoi constituent-elles des garanties de la présomption d'innocence?

L'aveu reste la méthode préférée de la police, non seulement en France, mais aussi aux États-Unis (et ailleurs). Les limites mises aux gardes à vue par la présence d'un avocat permettent aussi de limiter les aveux des personnes effrayées par le harcèlement des policiers et leurs questions incessantes, épuisées par le manque de sommeil, des personnes qui ne comprennent pas les conséquences de leurs aveux à des policiers, qui eux-mêmes ne leur expliquent pas ces conséquences. Quand ils ne mentent pas carrément: «Signe ça, après tu pourras dormir»; pour le gardé à vue, c'est le droit de dormir, mais pour les policiers, c'est le bouclage de l'affaire, la voie ouverte à l'inculpation et à la condamnation. Nombre d'erreurs judiciaires ont ces techniques d'extorsion d'aveux pour origine. Le cas de Patrick Dils est devenu exemplaire: arrêté à 16 ans pour le meurtre de deux enfants, il est condamné un an après à vingt-cinq ans de prison (alors qu'il était mineur et que sa peine aurait dû être divisée par deux). Rejugé en 2001 en appel et recondamné, il est finalement acquitté en 2002 à 31 ans, après voir passé quinze ans en prison où il a subi des viols. Il n'existait aucune preuve matérielle contre lui. Ce n'est qu'en 2002 que des policiers, refaisant leurs comptes, «découvrent» qu'il n'aurait pas pu matériellement être sur les lieux à l'heure du crime. Avant d'obtenir ses aveux, la police avait obtenu ceux de deux autres hommes.

La police et le juge d'instruction avaient donc le choix entre trois suspects ayant avoué : cette abondance de coupables ne les a cependant pas fait douter de la justesse de leurs techniques d'interrogatoire. Mais ce genre de scandale, beaucoup plus fréquent qu'on ne le croit dans cette culture de l'aveu à tout prix, est la raison pour laquelle les gardes à vue doivent être étroitement encadrées par la loi. Cela n'empêche pas les policiers de tenter d'obtenir des aveux ; cela limite cependant leurs possibilités d'abuser de leur pouvoir. Mais ces mesures qui garantissent, ou plutôt aident au respect de la présomption d'innocence, ne *sont* pas la présomption d'innocence.

La « *détention provisoire* » contredit et annule en partie la présomption d'innocence

En France, il n'existe pas de libération sous caution. La libération conditionnelle sous caution, comme celle dont bénéficie Dominique Strauss-Kahn, n'est pas, comme on le croit en France, réservée aux riches. Il existe aux États-Unis des officines spécialisées dans les prêts pour cautions ; sauf si le prévenu « *jumps bail* », s'enfuit, il n'aura pas à rembourser le principal, qui lui sera remis plus tard par la justice et que lui-même rendra au prêteur. Il n'aura donc à payer que les intérêts de la caution. Celle-ci est calculée par le juge en fonction des moyens du prévenu, et des risques qu'il s'enfuie. La plupart des cautions demandées pour se trouver en liberté conditionnelle sont infiniment moins importantes que le million de dollars demandé à Dominique Strauss-Kahn. En France en revanche, peu de prévenus se présentent « libres » à leur procès. En fait, c'est si peu dans les mœurs judiciaires françaises que jusqu'à récemment, un prévenu en liberté conditionnelle était dans la majorité des cas emprisonné la veille de son procès. Presque tous les prévenus pour affaire pénale passent donc des mois en prison, c'est-à-dire avant que leur procès n'ait eu lieu et alors qu'ils n'ont pas été condamnés. C'est une privation de liberté sans raison, et qui de plus influe sur l'issue du procès. Car pour ne pas se dédire, très souvent les procureurs demandent et obtiennent des condamnations qui couvrent au moins la durée de la détention préventive. « *La détention préventive appelle la condamnation. Bien plus, l'expérience a révélé que, si le prévenu vient à être condamné, la juridiction de jugement aura tendance à prononcer une peine ferme d'emprisonnement d'une durée au moins égale à celle de la détention subie, de manière à justifier celle-ci a posteriori. Ainsi, à la mise en échec de la présomption d'innocence, s'ajoute souvent un durcissement de la répression et une mise en échec des règles relatives au sursis*[4]. »

La France a souvent été condamnée par la Cour européenne des droits humains pour des détentions « provisoires » de *trois ans avant procès,* alors qu'elle exige que « *toute personne arrêtée ou détenue, dans les conditions prévues au paragraphe 1.c du présent article, doit être aussitôt traduite devant un juge ou un autre magistrat […] et a le droit d'être jugée dans un délai raisonnable, ou libérée pendant la procédure* ».

La France a réalisé en 1996 quelques modifications : « *En matière criminelle, la personne mise en examen ne peut être maintenue en détention au-delà d'un an sauf si le juge des libertés et de la détention rend […] une ordonnance motivée de prolongement de six mois en six mois. La détention ne peut cependant pas excéder deux ans si la peine encourue est inférieure à vingt ans et trois ans quand la peine encourue est supérieure à vingt ans.* » On voit que si la loi fixe des limites, mettre des gens en prison pendant deux, trois ou quatre ans avant de savoir s'ils sont coupables n'est compatible ni avec la présomption d'innocence, ni avec le respect des droits fondamentaux, dont le droit à *ne pas être enfermé sans cause.*

En France aujourd'hui, les prévenus constituent 26 % de la population carcérale[5].

---

4. Jean-Paul Doucet, « La détention préventive : Mesure exceptionnelle ? Commentaire de l'article 137 du Code de procédure pénale », *Gazette du Palais,* 10 juin 1966, Recueil 1966 I Doct. 130.

5. La secrétaire générale de la CGT-Pénitentiaire, Céline Verzeletti déclare le 17 mai 2011, à propos du chiffre record de 64 500 détenus aujourd'hui en France : « *Le parc pénitentiaire n'a jamais été aussi grand et on va continuer à construire de nouvelles prisons, mais les faits montrent que la solution est*

Qu'est-ce alors que la présomption d'innocence ?

La présomption d'innocence est le principe selon lequel c'est à l'accusation de faire la preuve de la culpabilité de l'accusé, et non à celui-ci de faire la preuve de son innocence. Or ces derniers temps on en a parlé à tort et surtout à travers. Des blogueurs estiment que l'on ne peut pas parler de la « *victime présumée* » car cela impliquerait selon eux qu'il existe un « *coupable présumé* » et toujours selon eux, ceci serait contraire à la présomption d'innocence. Alain Finkielkraut, sur le plateau de l'émission d'Yves Calvi, *Mots croisés*, en fait un usage semblable. Il faut que Jean Quatremer, un journaliste au franc-parler réjouissant, le recadre : ce n'est pas un « principe philosophique » comme Alain Finkielkraut semble le croire, mais un principe du droit positif. Et ce principe n'empêche personne d'avoir une opinion quant à l'innocence ou la culpabilité d'une personne accusée. Et heureusement.

Car si tel n'était pas le cas, on tomberait sur un paradoxe. En effet, si enquêter sur une personne suppose de la considérer comme « potentiellement coupable », et que ceci, selon les amis de DSK, va à l'encontre de sa « présomption d'innocence », il en résulte qu'aucune instruction ou enquête ne peut jamais être ouverte. Si on peut comprendre que des polémistes à la mauvaise foi connue commettent cette « erreur », que penser quand c'est non seulement un juriste, mais Robert Badinter qui utilise ces syllogismes ? Car quand Laurent Joffrin, le jeudi 19 mai lors d'une émission de David Pujadas, demande à Robert Badinter pourquoi il ne parle pas de la victime, celui-ci répond que la considérer comme victime, ce serait considérer Dominique Strauss-Kahn comme coupable ; or ce dernier, qui est son ami, dit n'avoir rien fait ; donc, tonne Robert Badinter, très en colère, « *que cette femme vienne s'expliquer !* ». Mais s'expliquer où ? Robert Badinter fait comme si on était encore le 14 mai, et qu'il y avait

---

ailleurs. » Elle préconise, outre les alternatives à l'incarcération « *un plus grand respect de la présomption d'innocence* », avec « *moins de prévenus incarcérés* », *Libération*, 17 mai 2011.

face à face un président du FMI et une femme de chambre. Mais ce n'est pas le cas, ce n'est plus le cas.

Robert Badinter et les autres soutiens de DSK font le procès de la justice américaine, pleine de défauts – ce qui n'est pas le cas de la justice française, exemplaire – et en tous les cas totalement différente.

La réalité de la présomption d'innocence

Mais en fait, ces différences ne sont pas si marquées que cela. Les procédures sont différentes, mais les résultats judiciaires de ces procédures convergent, en ce qui concerne l'ouverture d'une instruction criminelle et la différence entre civil et pénal.

En revanche, quand on en vient au point crucial de la *présomption d'innocence*, principe qui préside d'abord et avant tout au procès, et plus précisément au jugement, les deux systèmes, formellement semblables, diffèrent substantiellement.

La présomption d'innocence est une règle judiciaire : c'est à l'accusation de prouver la culpabilité de l'accusé, et pas à celui-ci de prouver son innocence ; enfin, le doute doit bénéficier à l'accusé. De ce point de vue, le plus important, puisqu'il définit exactement à quoi correspond le terme si galvaudé et si mal utilisé en France de « présomption d'innocence », c'est aux États-Unis que cette présomption est la mieux respectée. En effet, le jury de douze personnes y est entièrement populaire – alors qu'en France, le jury est composé de neuf jurés « conseillés » par trois magistrats. En France, on demande seulement au jury de se forger une « intime conviction » ; alors qu'aux États-Unis, il est quasiment impossible d'obtenir une condamnation sans preuves matérielles. Mais surtout, le jury doit considérer, pour prononcer un verdict de culpabilité, que celle-ci est prouvée « au-delà d'un doute raisonnable » ; et de plus le jury doit rendre une décision unanime : il suffit qu'une personne sur les douze jurés ait un doute pour que le verdict soit « non-coupable », ou que le procès soit à recommencer depuis le début ; tandis qu'en France, il suffit d'une majorité de huit jurés sur les douze pour obtenir un verdict. On voit bien qu'une condamnation est beaucoup plus difficile à obtenir aux États-Unis.

Les confusions les plus fréquentes

Procédure pénale et procédure civile

Beaucoup de commentateurs français appellent Nafissatou Diallo, la victime présumée, la «plaignante» et parfois même l'«accusatrice[6]». Le terme de «plaignante» n'est pas approprié, celui «d'accusatrice» encore moins. Car dans un procès pénal, le seul «accusateur», que ce soit en France ou aux États-Unis, c'est le procureur. Il ou elle parle «au nom du peuple français» en France. Aux États-Unis, au nom du peuple de l'État, ici l'État de New York. La procédure qui a commencé aux États-Unis n'oppose pas Nafissatou Diallo à Dominique Strauss-Kahn, mais «le peuple de l'État de New York» à Dominique Strauss-Kahn, comme l'établit l'acte énumérant les faits qui lui sont reprochés.

En effet, ce qui distingue la procédure pénale de la procédure civile, c'est que ce qui est en cause dans la première est un crime ou un délit considéré comme nuisant à l'ensemble de la société. C'est donc, en la personne du procureur, l'ensemble de la société qui met en examen le suspect. *Nulle personne privée ne peut être «la plaignante», car la plaignante, c'est la société.* Pour la justice pénale, la victime est simplement un *témoin*. Son rôle judiciaire se réduit à cela dans le procès pénal. Un témoin-clé, cela va sans dire. Mais un témoin quand même. Ceci vaut pour les États-Unis, la France et en fait la plupart des pays.

---

6. L'acte d'inculpation du procureur, que lisait l'un des substituts le 16 mai, n'emploie jamais pour parler de Nafissatou Diallo les termes «*victime*», ni «*accusatrice*», ni «*plaignante*». Il parle de «*informant*»: en français, informatrice. Et comment pourrait-il en être autrement, puisqu'on voit en en-tête le nom de l'accusateur: le peuple de l'État de New York? Ceci n'a pas empêché le journal *La Voix du Nord* de traduire «*informant*» par «*plaignante*». Ce qui est intéressant, c'est la façon minimaliste dont la presse française traduit ces accusations. En effet, on a «*tentative de viol*», mais pas «viol»; c'est parce que la loi américaine considère comme viol seulement la pénétration vaginale. Mais les «*criminal sexual acts (2 counts)*» sont détaillés ensuite comme suit dans le texte anglais: un contact oral et un contact anal. Or les deux sont des viols en France.

Par ailleurs, la charge de la preuve est moins exigeante au civil qu'au pénal. Ceci permet de réparer certaines injustices commises au détriment des victimes ou de leurs familles. Les journalistes mentionnent beaucoup le procès d'O.J. Simpson, innocenté du meurtre de sa femme et de l'amant de celle-ci. Ce qu'ils oublient de dire, c'est que ce verdict a été obtenu parce que la défense d'O.J. Simpson avait découvert des comportements racistes dans le passé de l'un des policiers chargés d'arrêter Simpson ; et que le jury, bien que sachant comme le reste du pays qu'il était coupable, a choisi pour cette raison de l'innocenter. Mais au civil, le tribunal a déclaré O.J. Simpson responsable : au-delà des dommages et intérêts, ce que les familles des victimes ont obtenu, c'est la reconnaissance de la culpabilité de Simpson.

Qui sont les parties dans un procès pénal ?

Les commentateurs − très souvent, sinon toujours − parlent des « *deux parties* », comme si le procès pénal mettait, ou devait mettre face à face le suspect et la victime présumée.

Ces journalistes et blogueurs, qui réclament de « voir » la victime présumée, et qui publient son nom et son adresse (en infraction avec les lois de protection des victimes qui existent aux États-Unis), *confondent le procès pénal avec le procès civil*. Les procédures civiles règlent des conflits entre individus, dans lesquels aucun n'a commis de crime. À quoi alors sert le tribunal ? C'est que, en dehors des lois qui punissent les crimes, d'autres lois existent, destinées justement à arbitrer ces conflits. Ainsi, dans un procès civil, X a des griefs contre Y, (X est alors justement appelé « le plaignant » ou « le demandeur »), il « traîne » Y devant le tribunal, et le tribunal décide qui a raison et qui a tort. (Même là, d'ailleurs, les « parties » sont le plus souvent représentées par leurs avocats respectifs.) Le procès civil est donc le seul cas où on puisse parler de « deux parties ». En demandant que Nafissatou Diallo « s'explique », Robert Badinter tente de faire croire que ce qui est en cause, c'est un différend entre deux particuliers, ce qui en effet se règle au civil. Mais au pénal, ce n'est pas « personne » contre « personne ». Au pénal, ce qu'en tant qu'ancien ministre de la justice il sait très bien, on peut estimer qu'il y a deux parties, mais ces deux parties sont d'un côté un individu, et de l'autre, l'État.

Il faut ici redire que c'est la même chose en France : dans toute affaire criminelle, c'est le procureur qui accuse, et non les victimes. On se demande pourquoi les avocats convoqués par David Pujadas pour suivre l'audience criminelle de Dominique Strauss-Kahn du 6 juin à New York prétendent que « *les Français doivent être étonnés de voir qu'ici c'est le procureur qui accuse au nom du peuple de New York, et que ce n'est pas* comme en France, *la victime et le prévenu* ». Mais *où* ont-ils vu, en France ou ailleurs, une victime et un prévenu être mis dans un tribunal *pénal* pour débrouiller leurs affaires en tête-à-tête ?

Cette confusion persiste presque un mois après le début de l'affaire. Et l'arrivée d'un nouvel avocat de Nafissatou Diallo relance, ou conforte, cette confusion. Les journalistes ne semblent pas parvenir à comprendre que dans le procès qui s'ouvre, le procès *pénal,* la victime présumée n'a pas d'avocats et *n'a pas le droit* d'en avoir. Ses avocats ne pourront plaider que lors d'un éventuel procès *civil*.

L'ouverture d'une instruction criminelle dans les deux pays : une plainte formelle est-elle nécessaire ?

La seconde de ces ignorances concerne les rôles de la victime présumée, du parquet et des autres acteurs dans le processus judiciaire pénal. Yves Calvi − encore lui − répète toutes les trois minutes : « *Mais est-ce qu'elle* [la victime présumée] *a porté plainte ?* » Cette question lui paraît décisive.

Or elle ne l'est pas. Il n'est nul besoin que la victime porte plainte pour qu'une procédure pénale soit déclenchée, aux États-Unis ou en France. La plainte est *l'un des moyens* de signaler un crime, mais ne détermine pas l'ouverture d'une instruction, et son absence n'empêche pas cette ouverture. En effet, beaucoup de victimes de crimes − typiquement les victimes de meurtres − ne sont plus en mesure de porter plainte. Les mineurs, même en vie, n'en ont pas la capacité civile : ils ne peuvent pas porte plainte, entre autres incapacités. Leurs parents sont leurs représentants légaux et doivent porter plainte à leur place. Mais quand ils sont eux-mêmes les criminels, les violeurs, les maltraitants ? Ils ne vont pas porter plainte *pour* leurs enfants, et *contre* eux-mêmes. Les procureurs, en France comme aux États-Unis, se saisissent de toute affaire où il leur semble qu'un crime a été commis, *quelle que soit la façon dont ils en ont pris connaissance*[7]. On vient d'en avoir un exemple avec le fait que le parquet de Paris a ordonné le 1er juin une enquête préliminaire. Et ceci, alors qu'il n'existe ni victime, ni suspect, sur la base de rumeurs, elles-mêmes rapportées par un tiers[8].

Que signifie l'adjectif « accusatoire » accolé au système judiciaire américain ?

Beaucoup de commentateurs en déduisent d'une part qu'il est « plus dur » que le système français, d'autre part que c'est la victime qui accuse, comme le prétend dans *Le Monde* du 4 juin 2011 Hubert Lesaffre, « docteur en droit public ». Il suit l'exemple donné par Robert Badinter et tombe dans le raisonnement paradoxal exposé plus haut. Il écrit : « *Que signifie effectivement présumer une victime, sinon dire qu'a priori ce qu'elle allègue est exact, et par voie de conséquence que celui qui dit le contraire ment, et ainsi nécessairement le présumer coupable* […]. *Aussi, dans pareille affaire, présumer que la plaignante est une victime, c'est présumer que l'agression en question s'est bien produite, et donc,* ipso facto, *que Dominique Strauss-Kahn en est l'auteur. Or ce dernier a nié que ce soit le cas dans sa lettre de démission adressée au Fonds monétaire international. Certes, rien n'impose d'accorder plus de crédit à sa parole, mais rien n'autorise à lui*

---

7. Ils ne sont pas *obligés* de poursuivre dans tous les cas : le principe d'opportunité des poursuites existe dans les deux pays.

8. Le parquet de Paris a annoncé, mercredi 1er juin, l'ouverture d'une enquête préliminaire suite aux allégations de Luc Ferry, qui a accusé de pédophilie sans le nommer un ancien ministre. Le ministre de la justice, Michel Mercier a déclaré : « *Le procureur de Paris a décidé d'ouvrir une enquête après les déclarations qui ont été faites. Il applique le droit, il est libre dans son action je n'ai pas d'autres commentaires à faire* », « Une enquête est ouverte par le procureur, le ministre de la justice se tait », *Le Monde*, 2 juin 2011.

en accorder moins. À partir de là, on se trouve en présence non d'une victime présumée, mais bien d'une plaignante [...] *une "accusatrice".* »

On trouve deux erreurs dans ce raisonnement.

D'abord, la présomption d'innocence exige que l'accusation prouve la culpabilité *lors du procès*. Elle n'exige pas que la personne soit présumée innocente tout au long de la procédure. Car si tel était le cas, pourquoi ouvrir une instruction ? En réalité, quand une personne est mise en garde à vue, c'est qu'il existe un soupçon. Dans l'« affaire Strauss-Kahn », au cours de l'enquête policière qui a pris place entre son interpellation le 14 mai, interpellation qui faisait de lui un témoin-suspect, et sa présentation au juge le 16 mai, une enquête policière approfondie a été réalisée. Et quand le substitut du procureur présente le 16 mai les charges pesant sur Dominique Strauss-Kahn, il s'est, comme un juge d'instruction français, fait une idée assez précise du cas pour être en mesure de demander une inculpation. Quand le 19 mai l'inculpation est formellement signifiée à Dominique Strauss-Kahn, celui-ci, sans être un coupable confirmé, n'est pas non plus un innocent total. Il n'est même plus un simple suspect : il est passé de suspect à prévenu.

Aussi parler de lui comme d'« un innocent », ainsi que le font certains avocats et anciens ministres de ses amis, c'est commettre une erreur de jugement, ce qui est ennuyeux pour des juristes. La même erreur est commise quand on appelle la victime une « accusatrice », alors qu'il est évident pour tout le monde que c'est l'État et lui seul qui poursuit.

Différences entre les procédures américaine et française

En réalité, le système américain doit être décrit non comme « accusatoire » mais comme « contradictoire » : comme un débat en principe à armes égales entre le procureur et la défense – dans le sens où la défense a accès à toutes les pièces trouvées par le procureur, dans la phase de « découverte » (*discovery*). L'enquête policière est menée aux États-Unis sous la direction du procureur ; alors qu'en France, c'est le juge d'instruction, censé instruire « à charge et à décharge», qui la mène. Mais c'est le procureur qui déclenche l'instruction; et s'il semble avoir moins d'importance pendant l'instruction, il la suit néanmoins; enfin, si le juge d'instruction estime qu'il y a lieu de poursuivre, il rend l'affaire au procureur. D'autre part, on peut légitimement se poser des questions sur la neutralité du juge d'instruction, qui doit bien se faire une opinion pour décider soit d'un non-lieu (pas de procès) soit d'une inculpation. Et parfois, comme dans le cas de Patrick Dils, la juge d'instruction se fait une opinion très vite. On se demande si elle a vraiment eu le souci d'instruire à décharge, et si oui, à quel moment elle a fait une enquête, ou si elle s'est contentée des aveux du jeune homme; elle a pris sa décision sur la culpabilité en moins de deux jours. Patrick Dils est interpellé le 28 avril 1987. Après trente-six heures de garde à vue et d'interrogatoires, il finit par avouer avoir commis ces meurtres (ceux de deux enfants), et la juge d'instruction passe l'affaire au procureur qui inculpe Dils le 30 avril 1987 d'homicides volontaires.

D'autres différences tiennent au fait qu'en France les parties civiles assistent au procès pénal et plaident pendant celui-ci, avant le procureur, qui prend la parole en dernier pour son réquisitoire. Aux États-Unis, le procès civil est séparé. Quand il se tient, c'est généralement après le procès pénal.

En revanche, ce qui est commun aux deux pays, c'est que le procès *pénal* ne dépend pas des parties qui sont justement nommées «civiles». Et même quand leurs avocats plaident, elles ne sont pas des *acteurs* du procès pénal. Dans les deux pays, même représentées au procès pénal par leurs avocats, les parties civiles (les victimes si elles sont en vie, leurs familles, ou des associations) n'y sont jamais non plus ni les «accusatrices» ni les «plaignantes». Les parties civiles, qu'elles plaident leur cause pendant le procès pénal ou dans un procès civil séparé ne peuvent obtenir que des *dommages et intérêts*.

En effet, seul le procureur peut demander des peines *car seul l'État possède le droit de punir.* Par ailleurs, dans les deux pays, la tenue d'un procès pénal ne dépend absolument pas de l'existence de parties civiles; quand le procès pénal est décidé, il a lieu, qu'il y ait ou non des parties civiles. Car l'État *ne défend pas tel ou tel individu*, mais *les règles de la société*.

Or, Robert Badinter, lors de cette émission sur France 2 le 19 mai, fait comme si il n'y avait pas eu d'enquête ; pourtant il a entendu le substitut énumérer les sept chefs d'accusation lors de la présentation du suspect devenu prévenu la 16 mai — il l'a entendu et vu puisqu'il a même remarqué que DSK n'avait pas de cravate. Or il parle comme s'il n'y avait eu en présence que deux personnes qui ont un litige, chacune avec sa vérité ; il parle comme s'il s'agissait d'un procès civil.

Il exige d'entendre la femme de chambre ; mais *elle n'est plus dans la scène* : ce qu'elle avait à dire elle l'a déjà dit aux policiers et elle le redira *sous serment* devant la chambre d'accusation le jeudi 19 mai, mais elle ne parlera pas en public jusqu'au procès. Et cela Robert Badinter le sait parce que c'est la même chose en France : les témoins ne disent pas à l'avance aux journalistes ce qu'ils vont dire au procès.

Il sait aussi quelles sont les deux parties en présence : d'un côté *le plaignant est l'État de New York*, et de l'autre le défenseur est Dominique Strauss-Kahn (et ses avocats). En demandant à la femme de chambre de s'expliquer, Robert Badinter fait comme s'il ne savait pas que le procureur est déjà intervenu ; mieux, il fait comme si Dominique Strauss-Kahn avait été considéré comme suspect à la suite d'une simple plainte. Il essaie de faire croire, comme beaucoup de blogueurs, qu'il suffirait d'une plainte non étayée par une enquête pour que pour que la police procède à une arrestation. Ce sont des fantasmes victimaires qui présentent les hommes comme toujours en danger d'être jetés en prison à la suite de la plainte — fausse, forcément fausse — d'une femme.

Mais Robert Badinter n'est pas un blogueur : c'est un grand juriste, considéré jusqu'ici aussi comme une grande conscience. Il n'a pas l'excuse de l'ignorance : il sait mieux que personne que ce n'est pas ainsi que les choses se passent. La police, dans l'«affaire Strauss-Kahn», c'est cette «unité spéciale des victimes», dont les Français regardent les aventures romancées sur TF1 tous les lundis; elle a les policiers les mieux formés de la terre en matière de crimes sexuels. Cette police a gardé le suspect trente heures en garde à vue. Et entre le début de la garde à vue et l'inculpation formelle, six jours après l'arrestation, elle a réuni autant d'informations qu'il était possible sur la victime présumée -- certes des surprises peuvent survenir, d'autant plus que la procédure américaine est beaucoup plus exigeante vis-à-vis du témoin-clé, la victime présumée, que la justice française. Tout mensonge, même sur des sujets n'ayant rien à voir avec l'accusation formulée par le procureur, par exemple sur les conditions de son entrée aux États-Unis, serait très préjudiciable à sa crédibilité en général, et donc à l'accusation. Lancer une procédure d'accusation, une affaire lourde, sur des propos en l'air, aucun procureur ne peut se le permettre. Badinter joue les idiots, mais peut-on croire au personnage naïf et ignorant qu'il nous présente? Son expertise juridique et judiciaire supérieure, qu'on ne saurait mettre en doute sans l'insulter, interdit de penser qu'il ne se rend pas compte qu'il dit des énormités. Comment ne pas penser au contraire qu'il les dit en connaissance de cause?

Peut-on aux États-Unis régler une affaire pénale « avec un gros chèque » ?

D'autres propos encore sont fondés sur la confusion entre procès pénal et procès civil. Cette confusion est entretenue par les assertions d'hommes qu'on voudrait mieux renseignés, puisque leur métier est l'information. Ainsi Franz-Olivier Giesbert le 19 (ou 20) mai, dans une émission non prévue de France 2, organisée par David Pujadas, a prétendu sur un ton péremptoire que « *l'affaire peut être réglée avec un gros chèque* », comme l'avait dit au mot près Michel Taubmann, auteur d'une hagiographie de DSK, dans l'émission d'Yves Calvi du début de la semaine du 16 mai. Le 19 mai, Thomas Cantaloube écrit dans son blog de *Mediapart*, relatant (soi-disant) un procès de viol aux États-Unis : « *Mais, juste avant les audiences, la plaignante refuse de témoigner, revient sur certains détails du viol. Le juge n'a pas d'autre choix que de relaxer Bryant avant le procès.* » Ceci parce que, selon Cantaloube : « *En parallèle, au cours de l'enquête, la plaignante avait déposé une plainte au civil. Celle-ci s'est soldée par un arrangement à l'amiable, après le procès avorté.* » Il écrit aussi : « *Une plainte au civil n'est pas qu'un jackpot pour la plaignante, c'en est aussi une pour l'accusé, en l'occurrence DSK.* » Et il conclut que ce processus pourrait se produire dans l'affaire présente. Le 15 mai, Arnaud Develay, avocat, interviewé dans le *JDD,* abonde dans le même sens : « *La jeune femme peut aussi se rétracter. Oui, et aux États-Unis, contrairement à ce qui se passe en France, s'il n'y a plus de plainte, les charges sont retirées, l'enquête s'arrête net. Il faut garder cela à l'esprit. Aux États-Unis, de nombreuses affaires sont étouffées par de l'argent, même si personne ne reconnaît avoir touché un chèque.* »

Or ces scénarios sont de purs fantasmes. La réponse est que c'est impossible, parce qu'au pénal ce n'est pas la victime qui accuse, mais l'État ; comme on l'a dit, la victime n'est pas une « plaignante », mais un témoin, d'une part, et d'autre part, l'existence d'une plainte formelle n'est nullement nécessaire pour ouvrir une instruction, donc pour conduire un procès.

« *Le viol est un crime. La victime de viol ne peut pas conclure un accord à l'amiable hors le tribunal* [...]. *Ceci ne peut se produire que dans les procédures civiles* [...]. *Dans un procès criminel, tout doit être décidé par le tribunal*[9]. »

Ce que confirme le 20 mai, A.P., dans le *JDD* : « *C'est l'État de New York qui poursuit en justice DSK. Il semble donc difficile de stopper les poursuites contre un gros chèque d'autant que le parquet peut accuser la jeune femme d'entrave à la justice si celle-ci est soupçonnée de se rétracter contre de*

---

9. « *Rape is a criminal offense. The rape victim can't settle out of court because it is The State vs. the rapist, not the raped victim.* [...] *Settling out of court only takes place in* civil *cases. All criminal cases must be settled in court* », http://answers.yahoo.com/question/index?qid=20110122224507AA9PC59.

l'argent, rappelle Lexpress.fr. *Et même si elle ne veut plus participer au procès, la justice peut l'obliger à témoigner.* »

Maintenant il faut essayer de comprendre : qu'est-ce qui s'exprime dans ces confusions multiples, entre pénal et civil, sur le sens de la présomption d'innocence, dans ces prédictions fantaisistes que « tout peut être réglé avec un gros chèque » ?

D'une part, un chauvinisme ahurissant et un antiaméricanisme stupide − car s'il existe de bonnes raisons de critiquer les États-Unis, il en existe aussi de mauvaises. La réitération compulsive de clichés et d'expressions accusatoires toutes faites, comme celle de « puritanisme ». Que signifie-t-elle ? Que les Américains auraient inculpé Strauss-Kahn par horreur de la « sexualité » ? Appeler les États-Unis « puritains » parce qu'ils poursuivent les suspects de viol, cela signifie que le viol eh bien, n'existe tout simplement pas, ou ne devrait pas exister : la chose, oui, mais le crime, non.

Depuis une semaine on assiste à une minimisation, mieux, à un déni de la réalité du viol comme viol, c'est-à-dire comme crime. D'autres féministes ont déjà dénoncé, et d'autres encore continueront de le faire, la stupéfiante « résurrection » de ce machisme que beaucoup − optimistes qu'elles étaient − croyaient enterré, disparu à jamais, et qui ressurgit des commentaires anonymes des blogueurs, mais aussi des mots qui jaillissent spontanément de la bouche de personnalités politiques et médiatiques ; des mots qu'ils s'entendent prononcer et qu'ils regrettent sur-le-champ. Non parce qu'ils ne correspondraient pas à leur vérité, mais parce qu'ils y correspondent ; et que cette vérité aurait dû − s'ils n'étaient pas hors d'eux parce que l'un des leurs a été « humilié » − n'être jamais révélée.

Dans ce déni de la réalité du viol, c'est-à-dire de sa gravité, tous les coups sont permis. Et c'est là que les confusions, volontaires ou non, entre procédure civile et procédure pénale ont leur utilité : car prétendre qu'il suffirait de payer pour que l'accusation disparaisse et pour sortir libre, qu'est-ce que cela dit du pays ? Le 6 juin, *Le Monde* présentait le « *nouvel avocat* » de Nafissatou Diallo, Kenneth Tompson, comme l'un des

« *protagonistes* » de l'« *affaire DSK* », au mépris de la vérité. Il faut le répéter hélas, car la présence des parties civiles au procès pénal en France permet ici la confusion entre pénal et civil. Cette confusion n'est pas possible aux États-Unis où les deux procès sont séparés.

L'« avocat » de Nafissatou Diallo *n'est pas et ne sera pas un protagoniste du procès pénal,* il n'y aura à aucun moment droit à la parole. Ce n'est qu'en tant que membre du public qu'il s'est exprimé le 6 juin, et non dans l'enceinte — mais sur les marches — de la Cour suprême de New York. Il ne parlera — si Nafissatou Diallo ne change pas encore d'avocat — qu'au cours du procès *civil* (s'il y en a un) ; et ce sera en effet pour demander des dommages et intérêts, comme le font les avocats des parties civiles en France, *parce que c'est la seule chose qu'ils puissent demander*, ici ou ailleurs. Cette confusion dure depuis bientôt un mois aujourd'hui ; le même jour, Benoît Duquesne dans une émission appelée — sans doute par antiphrase — *Complément d'enquête*, demande encore à un avocat exerçant dans les deux pays s'il y a une chance pour que Strauss-Kahn « *puisse ne pas faire de prison contre une forte indemnisation* ». Ce à quoi l'avocat lui explique à nouveau la différence entre le pénal (prison) et le civil (dommages). L'animateur aurait-il posé la même question à propos d'un crime jugé en France ?

Dans quel pays pourrait-on ainsi annuler une procédure pénale, et « s'acheter » en somme un crime ? Prétendre cela, c'est comparer les États-Unis à une république bananière. Ici aussi, le flou entretenu sur le « *plea-bargaining* » (le plaider coupable) sert à laisser penser aux auditeurs ou lecteurs que les négociations vont avoir lieu sur de l'argent : en France, oui, car on ne négocie pas au pénal, et comme on ne négocie que dans les procès civils, on négocie sur de l'argent. Mais ni en France ni aux États-Unis on ne peut faire un chèque au procureur pour qu'il abandonne l'accusation ! Que certains en arrivent à faire une suggestion aussi surréaliste est révélateur de l'affolement où sont plongés les supporters de Strauss-Kahn. Et si des dommages et intérêts sont réclamés par la victime, ce sera plus tard, lors d'un procès civil. Ce qui est négocié au pénal, et cela *seulement si on plaide coupable, ce sont les chefs d'accusation — certains sont moins graves que d'autres — et donc la lourdeur de la peine encourue*[10]. Et qu'est-ce que l'idée qu'on peut *racheter* littéralement son crime, avec de l'argent (et que c'est «*une bonne nouvelle*» comme l'affirme Cantaloube), dit de la victime présumée? Sinon qu'elle tout inventé pour faire «raquer» un homme riche? Et que même si elle a été violée, elle «touchera le jackpot»: elle aura été payée, de quoi se plaindrait-elle?

En d'autres termes, si elle n'était pas une «pute» avant, elle le sera après. Et tout sera enfin remis en ordre patriarcal.

---

10. Sur les sept chefs d'inculpation, quatre sont des crimes: le viol oral et le viol anal, la tentative de viol, l'abus sexuel du premier degré; les trois autres pourraient être requalifiés en délits («*misdemeanors*»).

Non au procès du féminisme[1]

Clémentine Autain[2], Audrey Pulvar[3]

Depuis le début de l'« affaire », nous avons dit et redit ne pas savoir ce qu'il s'est réellement passé dans la chambre 2806 à New York. Nous nous sommes engagées dans le procès du viol et de la tolérance sociale qui l'entoure, et certainement pas dans celui d'un homme, Dominique Strauss-Kahn. Aujourd'hui, nous ne savons toujours pas ce qu'il s'est passé, et nous avons été très étonnées des manifestations de soulagement et de soutien sans nuances exprimées dans la journée de vendredi, avant même la tenue de l'audience. Dans ce type de crimes et délits, c'est souvent parole contre parole : la preuve du non-consentement est très difficile à établir. C'est l'une des raisons pour lesquelles la majorité des femmes victimes de viols ne porte pas plainte. En France, seule une sur dix ose franchir la porte du commissariat. Libérer leur parole est un enjeu vital pour l'émancipation des femmes.

Les dernières révélations sur les mensonges de Nafissatou Diallo jettent un trouble. Il existe infiniment plus de violeurs qui dorment tranquilles que de femmes déposant plainte pour un viol qu'elles n'ont pas subi. Mais un cas n'est pas soluble dans des statistiques : le doute est donc légitime. Rappelons tout de même qu'une personne peut avoir menti dans sa vie, avoir pratiqué une prostitution occasionnelle, et dire vrai quand elle raconte un viol. Attendons la suite et gardons la tête froide, ce d'autant que les éléments du dossier nous arrivent au

---

1. Tribune publiée dans *Le Monde* le 5 juillet 2011.
2. Féministe et codirectrice du mensuel *Regards*.
3. Journaliste.

compte-gouttes sans que nous sachions toujours bien faire la part entre des faits établis et des rumeurs. Et si Dominique Strauss-Kahn est innocent, tant mieux. S'il est blanchi en raison du manque de crédit accordé à la parole de la plaignante par la justice américaine, souhaitons un récit honnête du leader politique sur ce qu'il s'est réellement passé. Quoi qu'il en soit, rien n'aura pu justifier à nos yeux l'imposition des images de DSK le visage défait et les menottes aux mains, condamnant mondialement un homme avant l'issue de son procès. La justice est incompatible avec le spectacle et la mise au pilori.

Ce dont nous devons débattre, ce sur quoi il est permis d'avoir un point de vue, n'est pas le déroulé des faits dans la suite du Sofitel. C'est la réception de l'événement qui importe parce qu'elle façonne nos imaginaires et forge nos représentations du monde. Dans un premier temps, l'effet de balancier fut défavorable aux femmes. La plaignante fut invisible, sa parole niée. Notre pensée pour la femme de chambre n'allait pas tant à Nafissatou Diallo qu'à toutes ces femmes qui subissent, dans un silence assourdissant, des violences sexistes. Ne pas considérer son récit, sa personne, c'était envoyer un message d'un mépris inouï à toutes les femmes violées. C'était leur dire en substance : « Vous n'existez pas, vous ne comptez pas. » Le patron du FMI pouvait s'appuyer, lui, sur ses amis pour exprimer sur toutes les ondes en boucle une « pensée pour l'homme ». La solidarité de caste et de genre a primé sur la défense des subalternes. Les propos machistes qui ont accompagné l'affaire dans les premières 48 heures furent intolérables, et le resteront quel que soit le verdict juridique pour DSK. « Il n'y a pas mort d'homme » et « troussage de domestique » ont constitué la face immergée de l'iceberg. Des commentateurs ont expliqué qu'il ne pouvait pas l'avoir violée parce qu'elle était trop laide. À maints égards, la confusion a régné… On a tout mélangé : vie privée et faits pénalement condamnables, libertinage et crime sexuel, comme si être un dragueur ou pratiquer l'échangisme prédisposait au viol, cette « affaire de mœurs ». Condamner les violences sexistes n'implique aucun retour à l'ordre moral.

Les féministes ont réussi à modifier les termes du débat, à soulever la chape de plomb qui entoure les violences sexuelles et la domination masculine dans les milieux de pouvoir. Que ces sujets deviennent publics et politiques bouscule nos vieilles habitudes. Car en dépit de lois adoptées depuis les années 1980 pour interdire ces comportements, le tabou reste la norme. Une femme peut raconter lors d'un dîner entre amis qu'elle a été cambriolée, victime d'un attentat ou qu'elle a perdu un proche. Ce sont des traumatismes dont le récit semble naturel, légitime. Avec le viol, silence radio. La hausse de près de 30 % des appels au numéro gratuit SOS-Viol-femmes-informations (0 800 05 95 95) dans les jours qui ont suivi l'« affaire DSK » ou les récits subitement apparus dans nos conversations en famille, entre amis ou au bureau, montre qu'une parole s'est libérée. Un processus s'est enclenché : nous avons découvert l'ampleur et la banalité de ces crimes et délits.

Ces derniers jours, force est de constater un nouvel effet de balancier : l'hypothèse d'un non-lieu pour DSK se traduit par un élan de compassion pour l'homme et une deuxième disparition de la plaignante. Et le procès s'avance déjà contre les féministes qui ont permis de délier les langues… On croit rêver ! Est-ce un point négatif que des femmes prennent la parole pour dénoncer les violences sexistes et combattre la domination masculine ? Est-ce notre faute si aucune autre occasion ne nous a été donnée d'imposer le viol au centre du débat public ? Et si DSK n'est pas coupable, faudrait-il refermer le couvercle sur le mode : « Circulez, il n'y a rien à voir » ? Rappelons qu'en France, environ 75 000 viols sont perpétrés chaque année. Que les victimes vivent généralement dans la honte et tentent de survivre après cet acte de domination d'un sexe sur l'autre. Le viol est une négation du désir de l'autre. Il détruit la personne humaine. Quant au machisme, il fait des dégâts partout, à la maison comme dans les entreprises. Or, si les femmes peuvent aujourd'hui porter un pantalon, voter ou prendre la pilule, c'est grâce aux mouvements féminins et féministes insoumis à l'ordre dominant. Demain, si les femmes ont une chance de pouvoir se promener à trois heures du matin dans la rue en minijupe si ça leur chante sans prendre le risque d'être violée, c'est parce que des mouvements, des individus, auront porté le fer contre un tabou.

Cette histoire passionne les Français car elle est au croisement de la politique et de l'intime, elle interroge notre rapport, collectif et individuel, à la sexualité et au pouvoir. L'effet miroir a fonctionné. Oui, des hommes puissants utilisent leur position de domination pour obtenir des relations sexuelles non consenties. Les fantasmes des hommes mais aussi ceux des femmes, les normes en matière de sexualité sont profondément imprégnés des modèles sexistes ancestraux. Nous peinons à faire une différence entre la drague et le harcèlement : ce n'est pas un hasard… Notre conception du désir, du pouvoir et du sexe est à déconstruire et à réinventer à la faveur de l'égalité entre les hommes et les femmes. N'enterrons pas le débat tant il faut résolument l'engager.

S'il était prouvé que Nafissatou Diallo avait menti, ce serait un camouflet pour la justice, une délivrance pour DSK et ses proches après une terrible épreuve et un coup très dur porté aux femmes victimes de viol. Il faudrait alors qu'une majorité de voix s'élève pour ne pas abandonner le combat contre le sexisme et le viol. Nous assisterions à un véritable « *backlash* », pour reprendre le titre du célèbre best-seller féministe de Susan Faludi, si la parole des femmes violées devenait plus suspecte encore qu'avant l'« affaire ». Nous ne voulons pas y croire.

Impression & brochage **sepec** - France
Numéro d'impression : 04865110704 - Dépôt légal : juillet 2011

IMPRIM'VERT